EQ玩家

人生難題 心理學破解

張小寧 著

反向心理調節法！

99%的憂慮無需擔心，學會主動選擇你的情緒

認識自己、管理情緒、激勵自我、
社交情商、愛情婚姻、職場情商……

情商高低決定人生成敗——
學會有效溝通和自我管理，成就非凡！

樂律

目錄

前言

Part 1　走進情商的神祕地帶

　　什麼是情商⋯⋯⋯⋯⋯⋯⋯⋯⋯⋯⋯⋯⋯⋯⋯⋯⋯⋯⋯012

　　情商越高，社會生存能力越強⋯⋯⋯⋯⋯⋯⋯⋯⋯⋯⋯015

　　真正的幸福源於高情商⋯⋯⋯⋯⋯⋯⋯⋯⋯⋯⋯⋯⋯⋯019

　　心理暗示決定你的行為⋯⋯⋯⋯⋯⋯⋯⋯⋯⋯⋯⋯⋯⋯023

　　情緒週期變化定律⋯⋯⋯⋯⋯⋯⋯⋯⋯⋯⋯⋯⋯⋯⋯⋯026

　　情緒究竟有多少種狀態⋯⋯⋯⋯⋯⋯⋯⋯⋯⋯⋯⋯⋯⋯028

　　微軟的情商測試題⋯⋯⋯⋯⋯⋯⋯⋯⋯⋯⋯⋯⋯⋯⋯⋯031

Part 2　認識自己：提高情商的必修課

　　發現自我，完善自我⋯⋯⋯⋯⋯⋯⋯⋯⋯⋯⋯⋯⋯⋯⋯036

　　接受不完美的自己⋯⋯⋯⋯⋯⋯⋯⋯⋯⋯⋯⋯⋯⋯⋯⋯039

　　用自我欣賞找回迷失的自我⋯⋯⋯⋯⋯⋯⋯⋯⋯⋯⋯⋯042

　　不要因自我懷疑錯失機會⋯⋯⋯⋯⋯⋯⋯⋯⋯⋯⋯⋯⋯044

　　正確看待他人的批評⋯⋯⋯⋯⋯⋯⋯⋯⋯⋯⋯⋯⋯⋯⋯047

　　內省：讓心靈照照鏡子⋯⋯⋯⋯⋯⋯⋯⋯⋯⋯⋯⋯⋯⋯049

　　有目標才不會讓心靈走失⋯⋯⋯⋯⋯⋯⋯⋯⋯⋯⋯⋯⋯051

目錄

Part 3　管理情緒，用高情商增加魅力

情緒好壞影響身體狀態…………………………………054

你的幸福正在被情緒化謀殺……………………………056

心態平和才能取得成功…………………………………060

事情遠沒有想像的那麼可怕……………………………064

控制自己的負面情緒……………………………………065

99%的憂慮都不會發生…………………………………068

主動選擇自己的情緒狀態………………………………071

為壞情緒找一個發洩口…………………………………073

及時調整壞情緒的小方法………………………………075

調節神經鏈，改變負面情緒……………………………078

用好反向心理調節法……………………………………082

清空情緒垃圾……………………………………………084

Part 4　激勵自我，挖掘情商潛能

自身的潛力就是最大的寶藏……………………………090

建立自信，克服自卑……………………………………093

自我激勵的神奇效果……………………………………095

學會欣賞自己……………………………………………096

能站起來就是一種自信…………………………………098

天助自助者………………………………………………100

擁有自信才能發現自己的價值⋯⋯⋯⋯⋯⋯⋯⋯⋯⋯⋯⋯102

樂觀是獲得成功的基石⋯⋯⋯⋯⋯⋯⋯⋯⋯⋯⋯⋯⋯⋯104

換個視角看問題⋯⋯⋯⋯⋯⋯⋯⋯⋯⋯⋯⋯⋯⋯⋯⋯⋯106

為人生列一張夢想清單⋯⋯⋯⋯⋯⋯⋯⋯⋯⋯⋯⋯⋯⋯109

追逐夢想什麼時候都不晚⋯⋯⋯⋯⋯⋯⋯⋯⋯⋯⋯⋯⋯110

你的情商為什麼比別人低⋯⋯⋯⋯⋯⋯⋯⋯⋯⋯⋯⋯⋯112

做一個自律的人⋯⋯⋯⋯⋯⋯⋯⋯⋯⋯⋯⋯⋯⋯⋯⋯⋯114

反向調節法幫你擺脫困境⋯⋯⋯⋯⋯⋯⋯⋯⋯⋯⋯⋯⋯117

空杯心態有助更快成長⋯⋯⋯⋯⋯⋯⋯⋯⋯⋯⋯⋯⋯⋯119

Part 5　社交情商，建立良好人際關係

人際交往是生活不可或缺的內容⋯⋯⋯⋯⋯⋯⋯⋯⋯⋯124

關心和欣賞他人⋯⋯⋯⋯⋯⋯⋯⋯⋯⋯⋯⋯⋯⋯⋯⋯⋯126

好人緣需要親密感⋯⋯⋯⋯⋯⋯⋯⋯⋯⋯⋯⋯⋯⋯⋯⋯129

如何培養自己的幽默感⋯⋯⋯⋯⋯⋯⋯⋯⋯⋯⋯⋯⋯⋯131

掌握給予時的最佳方式⋯⋯⋯⋯⋯⋯⋯⋯⋯⋯⋯⋯⋯⋯135

名字值千金⋯⋯⋯⋯⋯⋯⋯⋯⋯⋯⋯⋯⋯⋯⋯⋯⋯⋯⋯137

高情商者是這樣回答問題的⋯⋯⋯⋯⋯⋯⋯⋯⋯⋯⋯⋯140

「投其所好」也是門學問⋯⋯⋯⋯⋯⋯⋯⋯⋯⋯⋯⋯⋯145

用微笑照亮他人⋯⋯⋯⋯⋯⋯⋯⋯⋯⋯⋯⋯⋯⋯⋯⋯⋯147

主動認錯更能贏得尊重⋯⋯⋯⋯⋯⋯⋯⋯⋯⋯⋯⋯⋯⋯150

目錄

讚美的話說對了才有效⋯⋯⋯⋯⋯⋯⋯⋯⋯⋯⋯⋯152

自衛也可以擁有高情商⋯⋯⋯⋯⋯⋯⋯⋯⋯⋯⋯⋯156

寬容不是軟弱⋯⋯⋯⋯⋯⋯⋯⋯⋯⋯⋯⋯⋯⋯⋯⋯159

讓述情能力促進理解⋯⋯⋯⋯⋯⋯⋯⋯⋯⋯⋯⋯⋯161

Part 6　愛情婚姻情商，男女大不同

情感的力量⋯⋯⋯⋯⋯⋯⋯⋯⋯⋯⋯⋯⋯⋯⋯⋯⋯166

如何恰當表達愛意⋯⋯⋯⋯⋯⋯⋯⋯⋯⋯⋯⋯⋯⋯168

了解男女情感差異⋯⋯⋯⋯⋯⋯⋯⋯⋯⋯⋯⋯⋯⋯171

為彼此留一片心靈空間⋯⋯⋯⋯⋯⋯⋯⋯⋯⋯⋯⋯173

治癒愛情結束的痛苦⋯⋯⋯⋯⋯⋯⋯⋯⋯⋯⋯⋯⋯175

怎樣擁有完美的愛情⋯⋯⋯⋯⋯⋯⋯⋯⋯⋯⋯⋯⋯177

夫妻情商的認知模式⋯⋯⋯⋯⋯⋯⋯⋯⋯⋯⋯⋯⋯179

夫妻交流需要同理心⋯⋯⋯⋯⋯⋯⋯⋯⋯⋯⋯⋯⋯183

用幽默維持家庭心理和諧⋯⋯⋯⋯⋯⋯⋯⋯⋯⋯⋯185

學會做個聰明的「經營者」⋯⋯⋯⋯⋯⋯⋯⋯⋯⋯188

Part 7　職場情商，找到最佳工作狀態

熱忱是最有效的工作方式⋯⋯⋯⋯⋯⋯⋯⋯⋯⋯⋯194

「做對的事」比「把事做對」更重要⋯⋯⋯⋯⋯⋯196

蝴蝶效應也能創造職場奇蹟⋯⋯⋯⋯⋯⋯⋯⋯⋯⋯198

利用好職場中的馬太效應⋯⋯⋯⋯⋯⋯⋯⋯⋯⋯⋯201

你需要對上司瞭如指掌……………………………………203

忠誠是職場生存的一大準則 ……………………………205

不為自己的失利找藉口……………………………………208

大智若愚，維護他人的「自我」…………………………210

成果需要分享，千萬別吝嗇………………………………213

學會拒絕，才能更好地完成分內工作……………………215

學會做職場中的「懶螞蟻」………………………………218

壓力適度才有效率…………………………………………222

你需要「適度宣洩」………………………………………223

「鈍感」是職場人的必備能力……………………………227

走出自己的舒適區…………………………………………229

目錄

前言

　　哈佛大學教授丹尼爾・高曼曾說：「成功＝20％的智商＋80％的情商」。在這個競爭日益激烈的時代，情商的高低已經成為事業和生活成敗的關鍵，甚至決定了我們一生的幸福。

　　情商深刻影響人的認知和實踐活動，它與社會生活、人際關係、健康狀況、婚姻狀況有密切關聯，並透過影響人的興趣、意志、毅力，加強或弱化人們認識事物的能力。

　　情商是一種能力，可以透過後天的努力來提高。既然是技巧，就有規律可循。只要我們多點勇氣，多點磨練，我們也會像「情商高手」一樣，建立起屬於自己的交際圈，創造出更適合發揮自己才能的空間。

　　當然，高情商者不但容易建立良好的人際關係，而且易於為自己營造良好的工作環境，進而更容易在職業生涯中取得成就。

　　一個人情商的高低，雖然有先天遺傳的因素，但與後天的培養也息息相關。智商不高而情商較高的人，學習效率雖然不如高智商者，但有時會比高智商者成績更好，成就更大，因為他們有鍥而不捨的精神，勤能補拙。我們無法改變智商，卻可以提高情商。一個傑出的人未必具備高智商，卻一定擁有高情商。

　　本書結合情商方面的成功案例，並以諸多寓意深刻的故事，深入淺出地闡述了情商理論。同時，本書提出了許多提高情商的具體方法，為讀者朋友送上一道營養豐富的心靈雞湯。相信本書一定會對讀者大有裨益。祝願本書的讀者朋友都能成為高情商人士，事業成功，人生幸福！

前言

Part 1
走進情商的神祕地帶

你比很多人都聰明,卻只能眼睜睜地看著別人成功,而自己屢屢碰壁;你工作優秀,但你的薪水、職位與你的能力絲毫不匹配;你曾經胸懷理想,但如今只能以「適應不了社會」為由,將夢想藏匿⋯⋯成功並非偶然,那些在社會中表現得遊刃有餘的人,關鍵就在於他們有著高情商。

Part 1　走進情商的神祕地帶

什麼是情商

「情商」一詞由美國的心理學家彼得・沙洛維和約翰・梅耶在 1990 年首先提出。他們認為：情商就是情緒智力，包括個人的恆心、毅力、忍耐、直覺、耐挫力、合作精神等方面的內容，情商與人的心態密切相關，它是一個人感受、理解、控制、運用自己以及他人情緒的一種情感能力。

「情商」這個概念一經提出，便引起了人們的普遍關注和重視。許多企業管理人員都把情商理論積極地應用到實際工作中去。

「紐澤西州傑出工程師資料庫」AT&T 貝爾實驗室的一位負責人，就曾經用情商的有關理論對他的職員進行分析，結果發現，那些工作績效考核優秀的員工，的確不都是具有高智商的人，而是那些能及時回應對方傳遞情緒的人。

這表明，與社交能力差、性格孤僻的高智商者相比，那些能夠敏銳了解他人情緒、善於控制自己情緒的人，更可能得到那些為達到自己的目標所需要的工作，也更可能取得成功。

擁有超越常人的智慧固然是一件令人高興的事，因為過人的智商的確能給人生的起步階段提供良好的基礎，它讓人學得更多、更好、更快。然而，這並不代表你的一生就被定格了，你依然要在漫長的一生當中去學習學校課程以外的很多知識，而這才是決定一個人能否掌握自己命運，實現自我價值的關鍵所在。

所以，擁有高智商的人並不一定就能夠適應社會生活，這就是許多智商高的人仍然在社會的底層苦苦掙扎的原因所在。10 年前的傑克就是他們

什麼是情商

當中的一個。

傑克最初是一名汽修技師，但他的智商並不低，甚至可以說很高。他以前在學校的學習成績一直名列前茅，可是他現在的處境卻跟他當初的成績嚴重不成正比。

傑克當然對自己的現狀不滿意，和他的朋友相比，他的境遇簡直糟透了：他兩位以前的鄰居，已經搬到高級住宅區去了；兩位以前的同學，也都有著令人羨慕的好工作。

他搞不懂，和這四個人比，除了工作比他們差以外，自己似乎沒有什麼地方不如他們。論聰明才智，他們實在不比自己強，而且他們當時在學校的成績遠遠不如他。於是他再也待不住了，他想要擺脫這種境遇。一次，他在報紙上看到一則應徵廣告，休士頓一家飛機製造公司正向全國廣納賢才。他決定前去一試，希望自己的命運可以就此改變。

在面試的前一天晚上，傑克思考了自己的人生，他想了很多，往事歷歷在目，一種莫名的惆悵湧上心頭。

傑克又想起了自己的四位朋友，他知道自己並不比他們差，可是他現在的生活之所以如此不堪，肯定是有原因的。他開始冷靜地分析自己的缺點：很多時候自己不能控制情緒、愛衝動、遇事不冷靜，甚至有些自卑，不能與他人順利交往……而這些就是他沒有成功的根本所在。

整個晚上傑克就坐在房間裡檢討，他還發現自己從懂事以來，就是一個缺乏自信、妄自菲薄、不思進取、得過且過的人。他總認為自己無法成功，也從不想辦法改變性格上的缺陷。傑克痛定思痛，做出一個令自己都很吃驚的決定：從今往後，他絕不允許自己再有不如別人的想法，一定要控制自己的情緒，塑造一個全新的自我。

Part 1　走進情商的神祕地帶

　　這個晚上對傑克來說無疑是命運的轉捩點，第二天早晨，傑克一身輕鬆，就像換了一個人似的，滿懷信心前去面試。結果不用說，他當然被錄用了。傑克心裡很清楚，他之所以能得到這份工作，就是因為自己的醒悟，他對自己有了一份堅定的自信。

　　兩年後，傑克在業界已小有名聲，人人都知道他是一個樂觀、機智、主動、關心別人的人。在公司裡，他一再得到升遷，最終成為公司的核心人物。即使在經濟不景氣時期，他仍是同業中少數可以拉到業務的人。

　　幾年後，公司重組，傑克得到了可觀的股份，他的人生正式步入成功的旅程。

　　聰明的傑克最後還是成功了，但這似乎並不符合我們的題旨。可是你要知道，在並不成功的那段歲月裡，傑克的聰明才智也同樣存在。這說明，如果僅僅依靠高於常人的智商，成功依然只是一個未知數。想要成功，需要你動腦筋，尋找辦法，這並不是說所有的成功都來自你的智慧，更重要的是你要將自己的智慧發揮出來，這就需要你發現自己性格當中的缺陷。只有當你將自己的缺陷彌補上來，調整和完善好自己的情緒之後，你的智慧才能得到充分的發揮，你才可能離成功越來越近。

　　聰明人不一定是成功者，可是聰明人可以透過調整自我，為自己開闢一條通往成功的道路。而開闢的過程就是調整自我的過程，也就是情商在發揮作用的過程。而且你還要相信的一點是：你的智商也許無法改變，但是情商一定還有提升的空間，情商可以伴隨著你的成長而增長，你完全有時間和機會讓自己的情商變得越來越高！

情商越高，社會生存能力越強

情商越高，社會生存能力越強

　　有些人的物質生活並不富裕，但看起來卻幸福快樂，而他們的周圍也往往有各式各樣樂於與之交往的人，而某些相對富有的人卻總是在抱怨生活的不公，與他們交往，只會聽到不滿，為什麼他們的處境會相差如此之多？

　　一個人在社會上有多成功與一個人有多幸福之間的矛盾差異在哪裡？答案就是情商的高低。高情商者，可以掌握說話做事的分寸，去促成自己想要的結果。低情商者具體又是如何做事呢？

　　白領一族的亞妮剛剛忙完一天的工作，正期待著晚上與男友一起去聽鋼琴演奏會。去車庫取車時，她發現一輛車斜停在了自己的車位後方──這讓倒車技術本來就不怎麼樣的亞妮犯了難。「這個人真自私！如果我見了他，一定要教育教育他！」

　　她費了九牛二虎之力將車倒出後，正好遇到了車庫管理員：「你們怎麼做事的？這個人把車停成這樣，你們難道沒有看到嗎？」車庫管理員自然不會禮讓，兩人言語中難免有衝突。亞妮憤怒地威脅道：「我會直接向你的上司投訴你！」

　　與男友相會後，亞妮還在為剛剛發生的事情而憤怒，連男友溫柔的勸慰都聽不進去。帶著這種情緒坐在華麗的演奏廳裡，美妙的音樂也變得刺耳。這真是一個掃興的夜晚。

　　當演奏會結束後，男友邀亞妮一起用餐。兩人已經好幾日未能一起吃飯，而亞妮卻拒絕了：「今天沒心情，改天吧！」看到亞妮這樣的態度，男

Part 1　走進情商的神祕地帶

友也氣呼呼的。一場原本開心的約會就因為一位素不相識的人停歪了車而變得無趣。

與亞妮一樣的人絕不在少數，或許我們自己也曾有過那麼一兩次。我們對自己所經歷的那些令人不快的事感到生氣是一件自然的事，但因此讓接下來的一連串事情變得糟糕就是典型低情商的表現了。身處此類場景中的人似乎不會意識到這一點：他們沒有考慮到可能事出有因，沒有想到不遷怒，而是用抱怨與不滿來摧毀自己的快樂，讓情緒支配自己。

情商和個人在情緒、情感、意志等方面的個人品行有關。因此個人的情商彰顯了個人的生活智慧，同時也表明了個人的社會生存能力。

不管是情商理論的創始人沙洛維教授和梅耶教授，還是將情商進一步發揚光大的丹尼爾·高曼，他們都認可這樣的觀點：情商是個體生存的重要能力；而且，個人社會地位越高，情商也就越重要。心理學界對情商的高低做了明確的界定，我們可以從下面的描述中看到：

高情商

- 認可所有人擁有人權，並尊重他人的尊嚴；
- 從不將自己的觀點、價值觀強加於人；
- 對個人擁有清楚認知，知道自己能幹什麼，不能幹什麼；
- 以認真的態度對待每一件事；
- 可承受壓力；
- 自信卻不自滿；
- 人際關係良好，有可交心的朋友；
- 善於處理各類問題。

情商越高，社會生存能力越強

較高情商
- 擁有責任感；
- 自尊自愛；
- 較自信且不自滿；
- 擁有較良好的人際關係，可以與大多數人進行良好交往；
- 可應對生活中大多數的問題，不會有太大心理壓力；
- 擁有獨立人格，但在某些情況下，會受到他人焦慮情緒的影響。

較低情商
- 易受他人影響，個人目標不明確；
- 能原諒他人的無心之過；
- 能應付與控制不良情緒；
- 認為「自尊」與「他人認可」程度有密切關係；
- 易動搖個人觀點；
- 人際關係較差。

低情商
- 對待自己與他人總是雙重標準；
- 無明確目標，也不打算付諸實踐；
- 習慣逃避問題；
- 說話沒有節制、沒有節奏；
- 處理人際關係能力差；
- 情緒控制能力差，常發火、常焦慮；

Part 1　走進情商的神祕地帶

・生活無秩序；

・樂於抱怨，愛推卸責任；

・樂於辯論爭吵，對他人的生活指手畫腳。

值得一提的是，在普通人群中，情商的分布往往遵循鐘形曲線定律：擁有「較高情商」與「較低情商」的人占大多數，他們是社會的主流，同時也是「庸庸眾生」的典型。

近代心理學一向推崇「馬太效應」，財富領域是「馬太效應」最明顯的領域。有錢者在理財有道的基礎上變得更有錢，很大一個原因是「以錢賺錢，來得更快」。

大部分人不能理解的是，在情商領域中，也有類似的貧富分化現象：「較高情商」者往往有機會向著「高情商」者發展，因為他們已有足夠的能力去獲得他人的良好回饋，去接觸到更出色的人群；「較低情商」者卻因為一直接觸很多負面的回饋，進而更容易陷入「低情商」的惡性循環中。

個人意識到這種惡性循環，並尋求解決之道，不僅是情商提升的基礎，更是社會生存能力增強的前提。

個人情商能力的高低往往也會因為場合、情境的不同而變化。你可以看到：有些人異性緣頗佳，但對待親人卻粗暴無比；有些人在職場上是典型的菁英，但在生活中卻表現一般；有些人在面對陌生人時畢恭畢敬，但在熟悉的人面前卻隨意發火。這種因場合、情境的不同而表現出不同情商水準的情況，歸根結柢是因為個人情商存在缺陷而導致的。

與出身、家庭等不可選擇的外在條件相比，情商是一種內在能力，可以透過個人努力使之提升。

當然，這會是一個長期的過程。如果了解了提升情商的美好前景，相

真正的幸福源於高情商

信會努力付出,無懼過程漫長。在不斷提升中,不停的克服惰性,對生活幸福與職業成功相當重要,甜頭也顯而易見。這種甜頭促進情商提升正循環,徹底擺脫情商滑向「深淵」的負循環。

真正的幸福源於高情商

　　哈佛大學圖書館裡掛著不少名言,其中與人生關聯最密切的是這樣一句話──「幸福或許不排名次,但成功必排名次」。生活實踐告訴我們,與那些社交能力差、性格孤傲的高智商者相比,那些智力雖然平平,但可以敏銳察覺他人情緒變化、善於控制自我情緒的人,更容易找到自己想要的工作,同時也更容易取得成功。

　　若將人生比喻成一輛行駛的列車,那麼,情商不僅可以為列車提供動力,同時還決定列車的前行方向。

　　1965 年 9 月 7 日,世界撞球冠軍爭奪賽於紐約正式拉開帷幕。憑藉著高超的球技,路易斯在這場比賽中一直處於遙遙領先的地位。事實上,在比賽進行到中後段時,明眼人一眼便可看出,只要路易斯穩定發揮,冠軍就是他的了。

　　就在大眾已經私下將路易斯視為冠軍時,一件看似尋常的事情卻改變了路易斯的人生:有一隻蒼蠅闖入了賽場,落在了母球上,路易斯起身揮手將蒼蠅趕走了。可是,當他再次俯身準備擊球時,那隻蒼蠅又飛回到了母球上。在觀眾的笑聲中,他再一次起身,將蒼蠅驅趕開。

Part 1　走進情商的神祕地帶

　　那隻討厭的蒼蠅使路易斯的心情陷入了谷底，更糟糕的事情發生了：蒼蠅似乎有意與路易斯作對一般，他剛俯身，它便又飛到了母球上——這讓觀眾席上的眾人哈哈大笑起來。

　　路易斯的情緒因此惡劣到了極點——他終於失去了理智，生氣地使用球桿去擊打蒼蠅。沒想到，球桿沒有打到蒼蠅，卻碰到了母球。裁判判路易斯擊球未得分。

　　這次誤擊成了此次比賽的轉捩點：路易斯方寸大亂、連連失利，而他的對手約翰·迪瑞卻愈戰愈勇，終於趕上且超過了他的分數，摘得了此次比賽的桂冠。路易斯失意離場。

　　次日早上，人們在河中發現了路易斯的屍體——他竟然因為一場發揮失常的比賽投河自殺了！

　　對於人生而言，情商其實更像是一種初始能力：它決定著個體包括智力在內的其他技能的發揮程度。情商低的人往往會在遭受挫折以後，產生大量的內心鬥爭，這使他們無法將操作能力與思考能力集中於工作上，進而損害其專注工作與清晰思考的能力。

　　心理學家丹尼爾·高曼在講述情商與人生幸福的關係時，曾經提到過一位名叫希米契娃的保加利亞女人。希米契娃被稱為世界上最聰明的女人，她的智商高達200。憑藉著如此高的智商，希米契娃在學術上取得了很多的成就，她先後在保加利亞與英國獲得了5個學士學位。

　　但遺憾的是，這位高智商的女人雖然學業有成，卻未在學習期間有過任何一個可以交心的朋友；進入社會以後，她有長達兩年的時間找不到工作——哪怕入職，也會在短時間內主動離職或者被辭退。當她降低標準、終於入職了一家公司以後，其收入也低於當地中等收入水準。在這種

生活境遇之下，希米契娃稱，自己只有在沉浸於知識的海洋中時，才能體會到幸福。

對希米契娃來說，幸福不存在於現實生活中，而存在於學習的過程中，這是因為在學習時，沒有人與她作對，只有知識的高峰等待她去攀登。生活不僅僅是學習；我們學習的一切，都是為了增加現實生活的幸福感。你依然需要依靠這個社會生存，在你的智商遠不足以支撐你獲得「不屑社會與他人」的資本時，你的情商將變得非常重要。

情商能力的五大面向

在丹尼爾博士的理論中，他將情商概括為五個面向的能力：

- 了解自身情緒的能力
- 妥善管理情緒的能力
- 自我激勵的能力
- 認知他人情緒的能力
- 人際關係的管理能力

從情商能力的五大面向來概括的話，情商分為兩部分：

第一部分是對自我情緒的控制能力，即「避免讓自己情緒不佳」的能力；第二部分是對外輸出情緒的能力，即「讓他人情緒好」的能力。

當你擁有了這兩種能力以後，你會發現自己在生活、工作中會擁有以下優勢：

時刻感到自信

不管你遇到什麼樣的糟糕情況，你的自信會讓自己深信，你有能力走

Part 1　走進情商的神祕地帶

出當下的困境,而這種自信也將很好地幫助你運用理性思維,找到能夠解決問題的方法。

擁有人格競爭力

人格競爭力是自我意識與自我管理技能的綜合,即一方面承認自我能力;另一方面最大限度地運用這些能力,做出擁有競爭力的表現。

得到他人的尊重與喜歡

當你真心誠意為他人著想時,他人便會信任你、尊重你,他們會感激你的體貼與誠意,樂於與你相處。在某種程度上,他們甚至會想要成為你。

更強的交際能力

「讓他人情緒好」是情商的重要組成部分,它將會使你與他人相處融洽。你能夠敏銳地感覺到他人的感受與情緒變化;你可以在自己不贊同的情況下依然讚賞他人的觀點;你不僅能夠清楚地表達自己的感受,還可以很好地傳達他人的想法,化解分歧。當你做到了這些時,你便已經具備了比大部分人更強的交際能力了。

職場上的成功

在美國企業界,人事主管們普遍認為,「智商令人得以錄用,而情商令人得以晉升」。被譽為「紐澤西傑出工程師資料庫」的AT＆T貝爾實驗室的一位經理,受命將其手下工作業績較為出色的人列一個名單。心理學家們發現,從其所列名單中,那些工作業績佳的人並不是擁有高智商的人,而是那些能及時回應對方傳遞情緒的人。而美國「創造性領導研究中心」的大衛‧坎普爾在研究「曇花一現的主管人員」時發現,這些人之所以

心理暗示決定你的行為

在管理道路上失敗,並不是因為技術上的無能,相反的,他們都在各自領域中有突出的貢獻,只是他們在人際關係方面存在缺陷,這使得他們無法凝聚人心、獲得支持。

這表明,與在社交方面不靈活、性格孤僻的天才們相比,那些良好的合作者、善於與同事相處的員工更有可能與他人達成自己所需要的合作。

由此可見,情商高的人在人生的任何領域都擁有優勢,不管是在愛情等親密關係中,還是在職場上,他們都能夠正確地領略決定幸福與成功的潛在規則。而這些高情商的人在生活中也更有可能獲得滿足感,這是因為他們掌握了提升自身效率的方式,進而使個人效率比一般人更高。

心理暗示決定你的行為

愛默生說:「一個人就是他整天所想的那些」。思想就是一個雕刻家,它可以把你塑造成任何你想成為的人,或者你最不想成為的人。

一個女明星說過:「小的時候我看到別的小朋友長虎牙,非常羨慕,於是每天對著鏡子默唸,給我一顆虎牙吧,給我一顆虎牙吧⋯⋯結果後來我就真的長了一顆虎牙,可是等我長大了之後才發現真的很難看,只好去牙醫那裡磨掉!」

一個女人說過這樣的話:「我年輕的時候發過誓,以後絕對不嫁給姓史密斯的男人,也絕對不嫁年紀比我小的男人,更不會去從事洗盤子的工作,可是現在,這三件事我都做過了」。

也許你也經常遇到這樣的情況,你特別希望發生或者特別不希望發生

Part 1　走進情商的神祕地帶

的事情，都會很容易發生。你也許很奇怪，覺得這彷彿是某種看不見的力量在左右著你的生活，所以有人說：「只要你的願望足夠強烈，那麼世界是可以聽到你的聲音的」。真的是世界聽到了你的聲音嗎？還是說聽到你聲音的其實只是你自己？

沒錯，真正左右你生活的那個神祕力量就是你的思想。思想之所以能夠改變一個人的命運，是因為它會在人的心靈深處形成心理暗示，而心理暗示的好壞決定於一個人情商的高低。也就是說，情商高的人自我心理暗示中積極的成分居多，而情商低的人自我心理暗示中消極的成分占了上風。

道理很簡單：如果你心裡想的都是快樂的事情，你就能快樂；如果你心裡想的都是難過的事情，你就會難過；如果你想到一些可怕的情況，你就會害怕；如果你腦子裡都是失敗的可能，你就會失敗；如果你有不好的念頭，你恐怕就會心煩意亂；如果你喜歡顧影自憐，那大家就會離你很遠……

這些或積極或消極的心理暗示就是思想的能動方式，即是一個人用語言或其他方式，對自己的思維、情感、想像、意志、知覺等方面的心理狀態產生某種刺激的過程。它是一種啟示、提醒和指令，告訴你應該注意什麼，追求什麼，致力於什麼和怎樣行動，因而它能支配和影響你的行為。也就是說，不同的意識與心態會有不同的心理暗示，而心理暗示的不同也是形成不同意識與心態的根源。之所以說心態決定命運，正是以心理暗示決定行為這個事實為依據的。

華特・雷克博士是美國著名社會學學者，他曾做過這樣一項研究：他從兩所小學的六年級學生中，找出兩組截然不同的學生作為研究對象。一

組是表現不好、被認為不可救藥的學生；另一組是表現優良、被認為積極上進的學生。那些表現不好的孩子，他們在遇到某種困難時，往往會預期自己一定會有麻煩，認定自己糟糕透頂；而那些表現優良的孩子，相信自己在學習上會取得成功，生活上也不會遇到什麼麻煩。

經過 5 年的追蹤調查，結果正如他料想的那樣：表現優良的孩子都能繼續上進，表現不好的孩子則經常會出問題，其中還有人去過少年法庭。

結果表明，是孩子們的自我意識、自我評價左右了他們今後的發展方向。一個孩子如果有了負面的自我意識，就會有不良的表現，也就很容易被人們看成是「沒出息」、「沒用」，甚至「有犯罪的意圖」的壞孩子。而這些負面意識，經過長期發展就會形成人們的潛意識，逐漸成為人們的認知。當然，正向的自我意識也是一樣。

心理學家曾經提出過一個「小巷思維」定義，就是說那些一直生活在小巷當中為了生活疲於奔命的人，即使在一個偶然的條件下離開了小巷，過上了富裕的生活之後，當他們遇到問題時，又會很快回到生活在小巷時的那種狀態。他們用當時形成的思維習慣去思考、解決問題，而那種思考方式其實是在一種負面的心理暗示下形成的，它的狹隘和消極阻礙了人們開放式的思維，也阻礙了小巷當中的人走上成功的道路。

如果你想擺脫「小巷思維」，取得更大的成就，那就需要用正面的心理暗示去取代負面的心理暗示，並且長期堅持，堅持無論遇到什麼狀況都用正面的方式去思考。因為積極的心理暗示只有經常進行、長期堅持，才能進入人的潛意識，影響人的意識。

如果你對自己的人生不滿意，那就去改變自己的習慣，而習慣的根源自然是你的自我暗示。你需要做的是，長期做積極的心理暗示，自動把成

Part 1 走進情商的神祕地帶

功的種子和創造性的思想播撒到潛意識的沃土上，然後開出絢麗的花朵。你必須這麼做，因為那朵花就是你的人生！

情緒週期變化定律

掌控情緒的能力高低，是一個人情商高或低的決定因素。我們若想提高自己的情商，那就必須學會控制自己的情緒，而不能被情緒掌控。可是情緒似乎是來無影去無蹤的，我們究竟應該如何駕馭它呢？它究竟有沒有規律可循？如果有，那規律又是什麼？

情緒的起伏有規律可循，這一點是可以肯定的。因為人的情緒同智力、體力一樣具有週期性。20世紀初，英國醫生費里斯和德國心理學家斯沃伯特同時發現了一個奇怪的現象：有一些病人因為頭痛、精神疲倦等症狀，每隔23天或28天就來治療一次。於是他們就將23天稱為「體力定律」，28天稱為「情緒定律」。

也就是說，人的情緒高低波動以28天為一個週期，遵循著「臨界日→高潮期→臨界日→低潮期→臨界日→高潮期」的規律循環不斷反覆。人的體力、智力週期也有大致如此的波形，所以，人們就將「體力定律」、「智力定律」和「情緒定律」合稱為「生物三節律」，它們三者相互影響，互為制約。

它們相結合的表現是：高潮期，精力旺盛，不易得病，情緒高漲，樂觀積極，思維敏捷，記憶力強；臨界日，自我感覺特別不好，健康程度下降，心情煩躁，容易莫名其妙地發火，在活動中容易發生事故；低潮期，

情緒低落，反應遲鈍，記憶減退，一切活動都被一種憂鬱的心境所籠罩。

這種週期性就如同無形的時鐘一樣制約著人體，演奏著經久不息的生命進行曲，所以有人把這種情況稱為生理時鐘現象。一個人從出生之日起，到離開世界為止，自始至終都受生物三節律的影響，而且不受任何後天因素的影響。現在我們知道這是一種正常現象，那麼也就不必擔心和憂慮了。我們只需要明白自己在面對情緒的週期變化時如何去正確對待，就能很好地控制它。

第一，我們對自己情緒低潮期的到來要有充分的心理準備。一般而言，這種週期性變化對我們的學習和生活沒有太大的影響，所以不必為之擔心害怕，困擾不安。

第二，當我們感到自己的情緒正處於低潮時，可以有意識地迴避一些容易引起自己不快的事情，或者暫時放過那些困擾自己的難題。

第三，發揮自己主觀意志的作用，做情緒的主人。要知道容易受情緒左右的人，一方面是因為自控能力差，另一方面也是由於自己沒有自控意識，所以情緒失控不能只從它的週期性去找原因，還得看自己有沒有下意識地去控制。

第四，學會適當宣洩。掌控情緒不代表壓抑情緒，消極情緒如果累積得太多、太久，即使控制力再強的人都有可能會失控，學會適度宣洩自己的消極情緒，才是高情商者的表現。

當然，這些道理說起來都很簡單，具體操作還要身體力行，在後面的內容中，也會教大家如何用情商來調節和掌控自己的情緒和人生。

情緒究竟有多少種狀態

情緒的狀態是多種多樣的,但比較常見的有心情、激情、緊迫、表情等。

心情

心情又叫心境,是一種常見的情緒狀態。它是一種在一段時間內具有持續性、擴散性,而又不易覺察的情緒狀態。

心情對人的生活、工作、學習有著直接而明顯的影響,它能對人的精神狀態產生很大的影響。當人們擁有某種心情時,在完全沒有意識到的情況下,這種心情就慢慢地擴散到人們的活動過程中,使其以同樣的情緒狀態看待一切事物,進而對人們的行為產生影響。

在日常生活中,我們經常會聽人說,「不知道怎麼搞的,我這幾天煩透了」,可以看出,人的心情有好壞之分,當人的心情很好時,會有萬事皆如意的感覺,當人在情緒不好,即心境不好時,幹什麼都提不起勁來。

一個人穩定的心情是由其占主導地位的情感體驗決定的。例如,有的人總是生氣勃勃、笑口常開,這種人的愉快心境占主導地位;有的人總是死氣沉沉、愁容滿面,這種人的憂傷心情占主導地位。

激情

激情,是指在較短時間內,以迅速的速度,將身心置於強烈激動的情緒狀態中,如狂喜、亢奮、盛怒、悲慟、恐懼、絕望等,都是人處於激情中的具體表現。由於人處於激情狀態時,皮層下神經中樞失去了對大腦皮層的調節作用,皮層下神經中樞的活動占了優勢,因此,在這種情況下,

情緒究竟有多少種狀態

人的自我控制能力減弱，就會發生「意識狹窄」現象，下意識地做出與平常行為完全不同的舉動。

處於激情狀態下的人，並非完全不能控制自己。在相當程度上，激情是可以控制的。比如，在情緒還沒有達到激情狀態時，如及時加以調節，就能有效地避免激情狀態的出現。

激情會因性質不同而對人產生不同的影響。正面的激情可以激發起身心的巨大潛力，對工作和生活產生積極作用，許多創造性的藝術作品就是這樣產生的。而負面的激情，如盛怒等，則會使人衝動、呆滯，甚至失去理智。負面的激情對人的身心傷害是非常巨大的。所以，負面的激情是人們應當竭力避免的。

緊迫

緊迫狀態是一種典型會發生在特殊情況下的心理狀態。在遇到出乎意料的緊張情況時，人都會出現高度緊張的情緒狀態。比如親人死亡、發生意外事故、罹患不治之症等，都可能引起人出現緊迫狀態。

當人處於緊迫狀態時，身體會發生急遽的變化。緊迫狀態下，神經內分泌系統緊急調節並動員內臟器官、肌肉骨骼系統，加強生理反應，促進腎上腺素的釋放，提高身體的活動效率和適應能力。但另一方面，如果人過度或長期處於緊迫狀態，則可能導致過多的能量消耗，引發某些疾病，甚至導致死亡。

所以，緊迫狀態既有利又有害。適當的緊迫狀態可以使人急中生智。但在緊迫狀態下，不但意識活動的某些方面會受到壓抑，還可能使人出現認知、記憶等方面的錯誤。對出乎意料的刺激產生強烈反應，也會使人的注意和認知範圍縮小。

Part 1　走進情商的神祕地帶

美國紐約大學的神經系統學者勒杜，從生理上對這種現象做出了解釋。他發現了大腦中的一種短路現象，這種短路現象使情感在智力還沒有介入之前，就驅使人做出行動。

一個人在森林中徒步行走，他眼角的餘光突然發現一條長而彎曲的東西，腦子裡驀地竄出蛇的樣子，於是他下意識地跳到了一塊石頭上。這種反應就是大腦的情感反應與智力反應的短路現象。

在這種突然的、不可預料的緊迫狀態下，在大腦中出現情感與智力的短路現象是正常的，可以理解的。然而，有些人很難調節自己的情緒，稍遇情緒波動，就產生這種「短路」現象，產生感情衝動，以感情代替理智，顯然這是極不明智的。人們可以透過有意識的訓練、豐富的經驗、強烈的責任感和高度的思想認知，來減少在緊迫狀態下出現不理智的行為。

表情

表情是內在情緒的一種外在流露，如面部表情、身段表情和言語表情等，它是一個人的情緒狀態的具體表現。

臉部的表情動作就叫面部表情。眼睛被稱為「心靈之窗」，它的形態變化往往直接表現出人的情緒變化。哭泣時眼部肌肉收縮，憤怒時橫眉張目。嘴巴也會直接表現人的情緒變化，悲哀時嘴角下垂，高興時嘴角後縮，上唇提升。

身段表情即人的動作表情，它是人的情緒狀態在身體上表現出來的動作。動作表情主要展現在手和腳的動作上，這兩者之中又以手的動作最為重要。手舞足蹈、手忙腳亂、手足無措、搥胸頓足、拍案而起、拍手叫絕、掌聲雷動等，都是身段表情的特定表現。

人在說話時聲音的音調、節奏、速度、強度等都會表達出一定的情緒

內容，即言語表情。語言不僅用於人們的溝通交流，也是表達感情的重要手段。例如，悲哀時人的音調低，節奏緩慢，聲音高低差別很小；喜悅時人的音調高，速度較快，聲音高低差別較大；憤怒時人的聲音則高而尖，並且伴有顫抖等……都是很好的說明。

在直接表達情緒、情感方面起主要作用的是面部表情和言語表情。面部表情直觀，言語表情準確，而動作只是表達情緒、情感的一種輔助手段。由於單獨從動作本身出發，難以準確推斷出具體的情緒狀態，因此要準確認知一個人的情緒狀態，需要從面部表情、身段表情、言語表情等多方面進行綜合分析和判斷。

透過對情緒狀態的了解，我們可以更加深入地了解自己以及他人的情緒，然後更加準確地掌控情緒，這也是提高情商的必修課。

微軟的情商測試題

據說微軟的創始人比爾蓋茲是一位情商極高的領導者。他為人非常謙和，從不會因為什麼事情大動肝火，也正是這種個性令他締造了微軟的神話。

很多年前，在 Windows 系統還沒有誕生時，比爾蓋茲去請一位軟體高手加盟微軟，那位高手一直不予理睬。最後他禁不住比爾蓋茲的「死纏爛打」同意見上一面，但一見面他就劈頭蓋臉地說：「我從沒見過比微軟做得更爛的操作系統。」

比爾蓋茲沒有絲毫的惱怒，反而誠懇地說：「正是因為我們做得不好，

Part 1　走進情商的神祕地帶

所以才請您加盟。」那位高手愣住了。蓋茲的謙虛把高手拉進了微軟的陣營，這位高手後來成為 Windows 系統的負責人，微軟終於開發出了全世界最受歡迎的作業系統。

比爾蓋茲的高情商讓他成為這個世界上最受矚目的人物之一，這可能也是微軟非常重視員工入職前情商測試的原因之一。那麼，微軟的情商測試究竟是什麼樣子的呢？下面就為大家舉個例子，看看你是否也有潛力成為微軟公司的一員。

在一個暴風雨的晚上，你開著一輛車，路過一個車站。

你看到有三個人正在焦急地等公共汽車，他們分別是：一個生了重病、生命受到威脅的老人，他需要馬上去醫院；一個曾經救過你性命的醫生，你做夢都想報答他的恩情；還有一個是你夢寐以求的約會對象，如果這次錯過，以後就再也沒有機會了……

而現在的情況是，你的車裡只能坐下一個人，只能帶一個人走，你會怎麼選擇呢？

對於高情商的人來說，這個問題實在太容易解決了。可是情商低的人也許就要陷入糾結的狀態：社會責任和良知告訴你，老人是必須要救的；道德告訴你，對醫生也不能坐視不理；情感卻說，這可是你一輩子都求之不得的機會啊，怎麼可以讓它溜走……

當然，基於道德和良知的考慮，很多人會選擇生命垂危的老人。他們會想，恩情以後還有機會報答，自己的感情遠沒有一條生命重要。

是的，這個選擇沒什麼錯，可是高情商的人會告訴你，你還有更好的選擇：你下車，讓醫生開車帶老人去醫院，然後你陪著自己心愛的人在雨中等公共汽車，或者在雨中漫步。

很棒的結果，不是嗎？你只需要換一種思考方式就能讓自己的世界海闊天空。而一個成功的企業需要的正是這種具有開放性思維的人。任何問題的解決並非都只有一個答案或一種解決方式，你完全不用讓自己進退兩難。而那些經常進退兩難的人必定是因為情商不夠高，會很容易讓自己走進死胡同，這樣的人怎麼可能讓一個企業前途光明呢？

所以，從現在開始，請你試著換一種方式去思考，生活雖然不是腦筋急轉彎，但是卻需要腦筋急轉彎那樣的智慧。即使你有不撞南牆不回頭的勇氣和撞破南牆的能力，可是如果有不必撞牆的方法，你為何不考慮一下呢？畢竟撞到頭，痛的是你自己！

Part 1　走進情商的神祕地帶

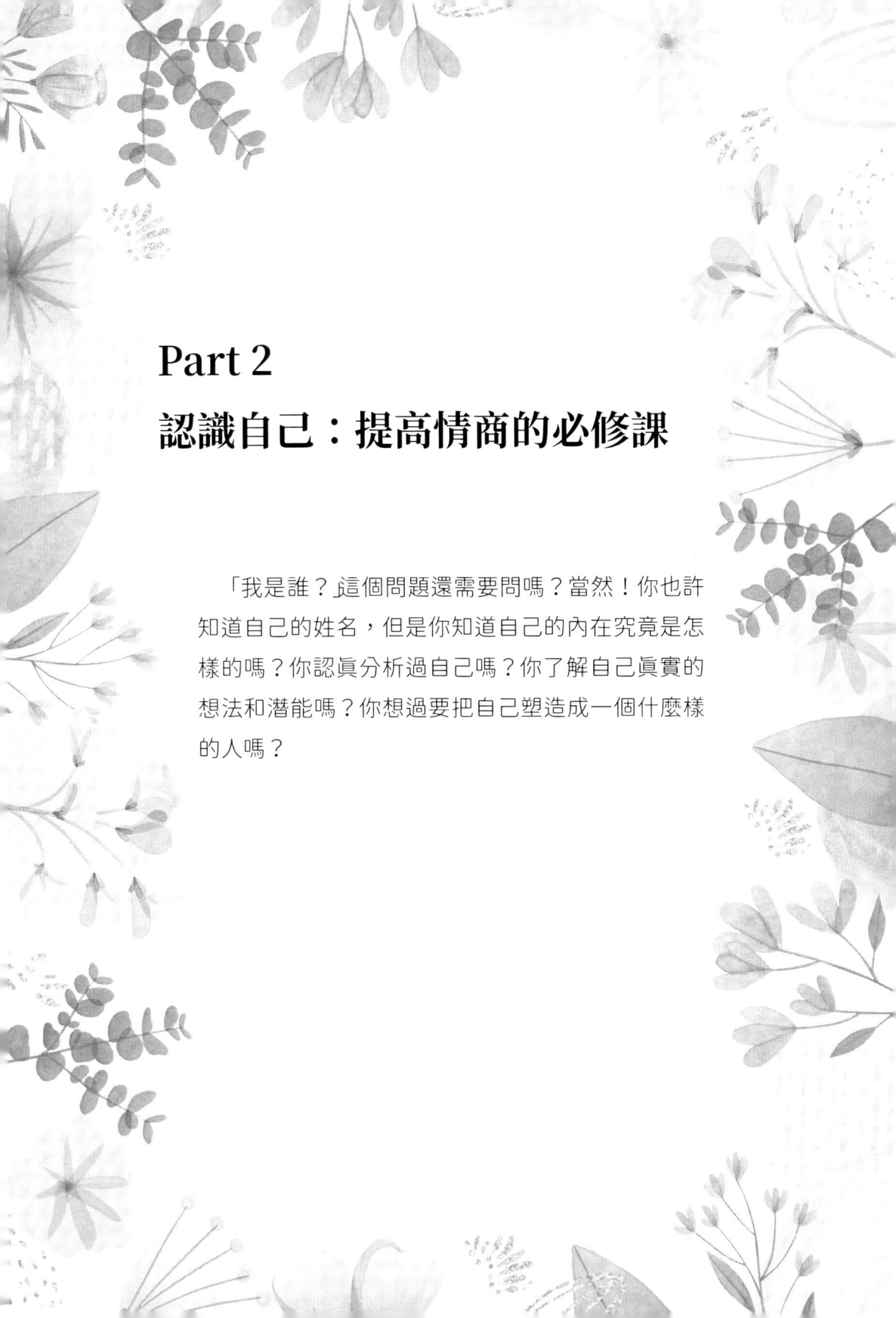

Part 2
認識自己：提高情商的必修課

「我是誰？」這個問題還需要問嗎？當然！你也許知道自己的姓名，但是你知道自己的內在究竟是怎樣的嗎？你認真分析過自己嗎？你了解自己真實的想法和潛能嗎？你想過要把自己塑造成一個什麼樣的人嗎？

Part 2　認識自己：提高情商的必修課

▌發現自我，完善自我

　　一個小男孩在與父母一同出遊的時候，看到了一棵大樹。小男孩便圍著它轉了起來，這邊看看，那邊瞧瞧。一開始父母認為他在玩耍，但後來卻聽到他嘴裡不斷地嘀咕著：「像天鵝！」、「像扇子！」、「哇，又變了，現在像小鹿了！」後來，這個孩子成了一名出色的盆景園藝師。

　　在情商理論中，潛在的自我總是會以某種方式呈現出來，而發現了潛在的自我，便發現了自己內在的情緒變化。認識並掌握了自己的情緒，便能夠主導自己的人生。

　　與低情商者相比，高情商者是自我覺知型的人，他們了解自己的情緒，能夠對自我情緒狀態進行認知、觀察與控制。他們的注意力不會因為外界或者自身的情緒干擾而迷失，或者產生過度的反應，這使他們可以在情緒紛擾中保持中立與自省的能力，同時也使他們的人生比一般人多了一些改變與重新選擇的機會。

　　萊恩・比奇利在 7 歲時，她的母親過世。之後不久，比奇利才發現，原來自己是被領養的孩子。此時她感受到的不僅僅是養母去世的悲痛感，還有被生母遺棄的失落感。為了遠離這種失落感，她立志成為世界衝浪冠軍，來向世界證明自己是有價值的。

　　在 22 歲那年，她終於達成了目標，成為世界冠軍。此後，她又 7 次刷新了女子衝浪比賽的世界紀錄。這使她成為當時世界上最優秀的女性衝浪選手。

　　一般人在遭遇了接二連三的打擊，特別是被生母遺棄這樣的事情後，

往往會陷入憤怒之中。「我在憤怒面前不能自已了」！有人會這樣描述自己當時的情緒。在這種場景中，有兩個「我」存在：一個是身歷其境、怒火中燒的我，一個是旁觀的我。「旁觀的我」以局外人的方式來觀察自己、評價自己的情緒，但是，這種「旁觀的我」往往是高情商者特有的。他們能夠與「身歷其境的我」保持一定的距離，同時也能夠更清楚地了解那個潛在的「我」與自我真實的情緒。

現代心理學研究證實，一個人開車的風格往往能夠表現出真正的自我：一個在辦公室中唯唯諾諾的人，或許在開車時會表現得狂暴好勝、喜歡與人在車流中展開危險的追逐，後者恰恰是個人在人生中受壓抑的自我。

現代自我概念開創者威廉‧詹姆斯認為：「一個人的自我，是他能夠稱作是他的所有關係的總和」。這種「自我」不僅包括了人的身體、心智，同時還包括了人的衣服、房子、妻子、孩子、祖先、朋友、同事以及他的銀行帳戶。所有的這些都會給我們帶來同樣的情感：若它們增加、繁榮，我們就會感覺自己是人生的贏家；若它們縮減、消失，我們便有可能一蹶不振。我們對每樣事物的感覺程度或許不同，但對這些東西感覺的方式大體一致。

從某種程度上來說，這也是為何我們所處的這個時代，卡奴、購物狂會出現：只有在這個時代裡，低情商者的自我才有機會在外界的影響下，膨脹到無法抑制的程度，人們總是期望透過不斷地占有與增加來獲得滿足感。

如果你花了大價錢為自己購買了一件名牌的 T 恤，並進入了教室，你很可能會這樣想：「今天肯定會有超過一半的同學注意到我的這件昂貴的 T 恤！我穿上它變帥／變漂亮了這麼多」。但事實上，心理學家們經過調查

Part 2　認識自己：提高情商的必修課

發現，只有不到20%的人會注意到這一點——我們總是高估周圍的人對我們外表與行為的關注度。我們習慣於對自己過分關注，並以為他人也會如此關注，而這種認為「我是人群中的焦點」的錯覺，往往會造成一系列的偏激反應。

這種錯覺產生於「我」與「他人」的意識覺醒時：剛出生的嬰兒分不清自己與外界，而當他們漸漸地在成長中感受到他人與自己的不同時，他們才會意識到這個世界上還有他人，而自己並不是世界的中心。

就像社會心理學家喬治・賀伯特・米德所描述的那樣：當我們能夠想像到自己在他人心中的形象時，我們的自我便出現了。當我們進而修正自己的行為，使之符合我們所知覺到他人的期望時，我們便成了社會人。成熟，便是這樣一個從以自我為中心，不斷地社會化的過程：高情商者開始體諒他人的存在，而低情商者卻會始終將自己當成世界的中心，他們誤以為自己是最重要的，別人就應該注意到自己、應該知道自己的所思所想。

還有一種代表性的證明是：有些人習慣高估他人對自己的了解，比如，你肯定聽過這樣的對話：「把那個給我！」、「那個是什麼？」、「就是那個！哎呀，那個嘛！」，還有一些人會高估自己在人群中的醒目程度，當你打電話問他在哪裡時，他從來不會告訴你明確的地標，而是將自己當成地標，認為所有人都應該看到他：「我就在這裡！你怎麼還沒看到？我在這裡！」。

在我們的一生中，總是要面對、扮演很多角色：你可能是孩子的父親，同時又是父親的兒子；你可能是妻子的丈夫，同時又是哥哥、弟弟等。面對不同的對象，你需要將自己放在不同的角色中，比如，面對長輩你要表現出恭敬，但在小輩面前，你又需要表現出身為長輩的威嚴。

如果你使用一種固定的行為與態度，來表現不同的社會角色的話，你

的人生肯定會陷入一片混亂之中。更重要的是，在不同的人生階段，這種角色效應也同樣存在，一個階段結束，我們就必須要從扮演的角色中抽離出去：讀書期間，你的主要角色是學生，但工作以後，你就必須要以「社會人」的角色來要求自己。

每一個角色都有其固定的社會衡量標準：當你能夠用這些標準來觀察自己，同時將自己在每一時期中的具體表現進行對比時，你就會發現自己在某一階段的表現如何、在某一角色中的表現又是如何。

我們需要了解的另一個事實是：自我始終處於不斷變化中，你可能會為昨天的選擇而懊悔，也可能在憤怒中一時無法控制自我，這些都是自我變化、發展的表現。而人的一生本身就是一個不斷變化的過程，同時也是一個不斷地認識自己、發現自己的過程。當你能夠接受這種改變，並依據不同時期的改變來創造自我、完善自我時，你的情商也會逐漸得到提升。

接受不完美的自己

這個世界上不存在完美的人，每一個人身上都有自己不願意正視、更不願意他人看到的陰暗面。在這種矛盾心理下，大多數人不惜代價，竭力地偽裝自己、迎合他人，而這樣的生活方式無疑加重了自己的心理負擔。

事實上，我們每一個缺點的背後，其中都有優點；每一個陰暗面的存在，都對應著一個生命賜予的禮物。好出風頭往往只是自信過度的表現，膽小可以讓你躲過無妄之災，潑辣的性格在有些場合下是解決問題的最佳方式。陰暗面與光明面一樣，它們共同組成了「你是誰」，只有接納了這

Part 2　認識自己：提高情商的必修課

種光明與陰暗並存的自我，我們的情商才能夠全面提升。

黛西從小接受的教育是「做一個好人」。在兒時，一旦她做錯了事情，父母便會大加訓斥，並被稱為「壞孩子」。隨著年齡的增長，黛西開始學會掩飾自己，她總是努力討好他人，努力地表現自己「好」的特質，將自己那些「壞」的特質隱藏起來，不讓別人發現。

當她踏入社會後，接觸到越來越多的人，而她需要隱藏的東西也越來越多。在辦公室裡，同事們總是肆意地將自己的工作強壓給黛西，此時黛西告訴自己的是：「不要生氣，更不能自私」；朋友隨意將她喜愛的東西拿走時，黛西想的是：「不要小心眼，東西再買就是了」；當原本屬於自己的獎金被扣後，黛西第一時間的想法不是爭取自己的利益，而是在想：「別貪得無厭，去年還有好多同事被辭退了呢，而我依然在公司」。

黛西花費了如此多的時間與精力讓自己變成他人眼中「和藹可親」的人，所以，當她身邊出現了有缺點的人，她總是在自己內心產生鄙視，這也讓她變得越來越憤世嫉俗。她感覺自己所遇到的問題都是因為上天的不公平，而自己眼下處處委屈卻依然處處不順的處境，完全是因為自己生長在錯誤的家庭中、認識了錯誤的人、去了錯誤的公司。

「如果我的爸媽是富一代，如果我的男友是富二代，如果我的公司是上市公司，如果我的上司大度而又明智，那麼，我的生活根本不會像現在這樣糟糕！」她常常這樣想。

心理大師榮格曾說過，你究竟願意做一個好人，還是一個完整的人？黛西的錯誤就在於，她只想成為一個好人，進而在「好人」的片面認知中讓自己受困。事實上，做一個「完整的人」才是人生快樂的基礎。

每一個人都是矛盾的統一體，是各種消極與積極的特質彼此調和的結

果，不管少了哪一方面，都算不上是完整。更重要的是，樂觀與悲觀、勇敢與懦弱——這些特質潛藏在我們的內心中，倘若刻意地壓制某一種特質，它便會以我們意想不到的方式再次出現，而且，越是不敢面對自己的內心世界，越容易在恐懼的迷宮中迷失自我。

「陰影」這個詞語最先被榮格引進了心理學領域，並被用來指涉個人人格中受到刻意壓抑的部分。壓抑的原因很可能是無知、恐懼、羞恥心，甚至是愛的缺乏。而榮格對陰影的定義也很簡單：「陰影就是你所不願意成為的那種人」。他相信，若我們承認與接納自我人格中的陰影，便會對我們的個人精神生活產生巨大的影響——這與情商中的「自我接納」完美契合。我們只有面對陰影，並使它成為我們人格、生活中的一部分，我們的身心才有可能獲得全面的解放。

心理學家肯恩・威爾伯在自己的著作《認識陰影》中這樣描述「陰影」的作用：自我層面上的投影現象非常容易辨認，若我們僅僅是感覺到了某個人、某件事情的存在，那麼，它們通常不會帶有我們的投影。若我們被某個人、某件事情所影響——不管這些影響是好的還是壞的、是快樂的還是憤怒的，那麼，它們很可能攜帶了我們的投影。這句話很好地區分了「感覺」與「投影」的差別。

平日裡，我們往往會不自覺地使用潛意識去影響他人，使他們表現出被我們所壓抑的情感、特質，或者將那些容易表現出此類情感、特質的人吸引到我們的身邊，這便是「投影」。我們因為自我受到了壓抑，只得在周圍人的身上去尋找這些特質，更重要的是，這些特質還會反過來影響我們。在憤怒者的刺激下，你很可能越來越多地表現出情緒失控的狀態；在驕傲的人面前，你越來越多地感覺到自卑。但是，如果我們承認與接納了自己心中存在的消極特質，那麼，他人表現出來的這種特質便不會對我們

Part 2　認識自己：提高情商的必修課

產生影響。所以，接納那個被自己拚命隱藏的真實自我，我們才能避免陰暗面在自己的人生中形成巨大的投影。

我們眼中他人的缺點，往往都是我們自己不敢承認的、隱藏的缺點。想像一下：你之所以討厭那個每日裝扮得精緻無比的女子，是不是因為你與她一樣，擁有愛慕虛榮的一面？你看不慣整日在辦公室中耀武揚威的小主管，多半是因為你知道自己與他一樣，也渴望擁有操縱他人的權力。

我們對他人品頭論足，其實多半是在對自己進行真實的評價——如果不是這樣，你不會那麼在意他人的缺點。因此，當你再一次對他人發出負面的評價時，不如停下來想一想，這樣的評價是否同樣適合於自己？如果你對自己足夠誠實的話，答案必然是肯定的。世界就如同一面鏡子，你看到的世界，往往就是你真實內心的映像。

改變我們當下的人生，關鍵在於將放在他人身上的投射收回來，發覺自己的特質，承認、接納完整的自己。

接納與擁抱你的光明面、你的陰暗面，可以讓你的生活發生徹底的改變，一切就如同醜陋的毛毛蟲破繭而出一般，你也將化身為美麗的蝴蝶。在不必掩飾、不需假裝，更不用努力證明自己時，你會擁有足夠的自信，你將能夠自由地去追尋自己想要的生活。

用自我欣賞找回迷失的自我

做自己的旁觀者，會將自身存在的其他問題也一併看出來，比如我們的優點和缺點。可是即使我們能發現自身的優缺點，也未必都能正確對

待。有的人看到了自己的優點，並能夠將其發揚光大，於是他成功了；有的人則只看到自己的缺點，並且沉浸在自責與自卑中不知如何是好，於是他迷失了自我，這也就注定了他的失敗。

當能夠自我欣賞時，我們才能夠不斷挖掘出自己的潛能，才能夠擁有自信的力量去超越自我，才能夠獲得成功。那麼對於一個迷失自我的人，想要克服自我否定的習慣，重新找到自己的定位，究竟應該怎麼做呢？

從根源找起

要克服自卑就要知道產生自卑的根源在哪裡，有些嚴重的自我否定和自卑心理來自我們小時候受過的創傷。也許你自己都不記得了，但是它卻已經成為你潛意識的思維習慣，你必須找到它，並且改變它，才能重獲自信。對於已經遺忘的部分，你可以尋求心理醫生的幫助。

從自我激勵開始

透過積極的自我暗示鼓勵自己，這樣可以幫助我們重新樹立自信。我們要一直堅信「我能做好，沒有問題」，「我有能力做得更好」，這種方法只要成功一次，就可以形成良性循環，進而趕走自卑。即使失敗了也不怕，你可以接著這樣自我暗示：「這次失敗不能說明我的實力，我只是運氣不好。下次，有了更多的經驗之後，我一定能夠成功」。

從小事做起

成功是自卑的剋星。從身邊力所能及的事情做起，然後在這小小的成功中肯定自我，一點點地找回自信。

Part 2　認識自己：提高情商的必修課

積極發掘優點和興趣

每個人都有自己的優點，你也不例外。不要總是揪著自己的缺點不放，拿自己的缺點去和別人的優點比，這樣受到打擊是必然的。你不妨做一些自己感興趣的事情，也許不但一不小心克服了自卑，還意外獲得了新的事業方向。

積極和別人交往

自卑常常伴隨著孤僻，多交朋友，你可以從朋友身上學習到很多東西，同時在獲得友誼的過程中，自信也就慢慢回來了。

如果你渴望成功和別人的肯定，那就別把大量的腦能量都消耗在自我懷疑、自我否定中，學會欣賞自己、相信自己。慢慢地，別人就會因為我們的自我欣賞而接近我們。一個擁有高情商的人是從來不會迷失自己的。對於自我，他們坦然地承認、欣然地接受，不排斥自己、不欺騙自己，當然也從不拒絕自己，更加不會怨恨自己。悅納自我是我們在提高情商的道路上必須邁出的一步。

不要因自我懷疑錯失機會

偉大的哲學家蘇格拉底知道自己將不久於人世之後，就想考驗和點化一下他平時看來很不錯的學徒。

他把學徒叫到床前說：「我的蠟燭所剩不多了，得找另一根蠟燭接著點下去，你明白我的意思嗎？」

不要因自我懷疑錯失機會

「明白,」那位學徒說,「您的思想光輝是得好好地傳承下去……」

「可是,」蘇格拉底說,「我需要一位最優秀的傳承者,他不但要有相當的智慧,還必須有堅定的信心和非凡的勇氣……這樣的人選直到目前我還未見到,你幫我尋找和發掘一位好嗎?」

「好的,好的。」學徒說,「我一定竭盡全力去尋找。」

那位忠誠而勤奮的學徒,不辭辛勞地四處尋找。他領來了許多人,然而,蘇格拉底都沒看上。

學徒一次又一次無功而返,這時蘇格拉底已經病入膏肓了,他拉著那位學徒的手說:「真是辛苦你了,不過,你找來的那些人其實還不如你……」

「我一定加倍努力,」學徒懇切地說,「找遍城鄉各地,找遍五湖四海,也要把最優秀的人選挖掘出來舉薦給您。」

蘇格拉底笑笑,不再說話。

半年之後,蘇格拉底眼看就要告別人世,最優秀的人還是沒有找到。學徒非常慚愧,淚流滿面地坐在蘇格拉底的病床邊,語氣沉重地說:「我真對不起您,讓您失望了!」

「失望的是我,對不起的卻是你自己。」蘇格拉底說到這裡,很失望地閉上眼睛,「本來,最優秀的人就是你自己,只是你不敢相信自己,才把自己給忽略了……其實,每個人都是最優秀的,差別就在於如何認識自己,如何發掘和重用自己……」

懷疑自己,你也就失去了成為另一個蘇格拉底的機會。如果你對自己都存在疑問,遇事總是認為:「是我嗎?」,「我是對的嗎?」,「不,我肯定不行。」,「這件事情我沒把握。」……你還沒有試一試就給自己判了「死

Part 2　認識自己：提高情商的必修課

刑」，別人當然也不會去相信一個「死刑犯」。

　　事物本身並不影響人，人們只受對事物看法的影響。不要把自己想成一個失敗者，要盡量把自己當成一個贏家。人一出生原來就沒有什麼局限，無論男人或女人，每個人內心都有一個沉睡的巨人，那就是你自己。法國存在主義哲學大師、獲得諾貝爾獎但拒絕領獎的薩特說：「一個人想成為什麼，他就會成為什麼」。如果你認為自己被打倒了，那麼你就真的被打倒了；如果你想贏，但是認為自己沒有實力，那麼你一定不會贏；如果你認為自己會失敗，那麼你就一定會失敗。

　　皮特想成為一名新聞從業人員，於是他進入新聞系進修。他注意到自己的老師全都有學士學位。皮特認為，大概是因為自己沒有學士學位，所以他無法成為一名新聞從業人員。有人給過他幾次實習的機會，但他都拒絕了，因為他自覺不夠資格。他錯過了很多磨練自己技巧的機會，因為他決定要先拿到學位。可是，後來他才了解到，實務經驗對他的履歷來說是一項很有價值的資產。

　　了解自己能不能夠做到某件事，最好的方法就是嘗試。你想要建立正確的自我認知，就不能因為懷疑自己，而拒絕嘗試的機會。我們不能老是在自己限定的區域內徘徊疑慮，如果你不想錯過成為蘇格拉底的機會，那麼就請告訴自己不要再問「我可以嗎？」，而要直接告訴自己「我可以！」。

正確看待他人的批評

　　我們認識自己主要有兩種方式：一種是自我觀察，另一種則是觀察別人，或者說透過別人對自己的評價。我們經由這些來判斷自己是怎樣的一個人，自己做的事情有沒有違背社會規範，踰越道德底線。可是大部分的人對別人「尊重」過了頭，甚至完全活在別人的世界裡，以別人的準則為準則，做對方希望自己做的事，變成對方希望自己成為的那個人。你應該明白，別人的意見和看法都只是你的參考，而不是你的行為基準，否則，你的人生就會被別人掌控。或許你明白這個道理，但還是這樣做了，究竟是哪裡出了問題？

　　曾經有人問華爾街40號美國國際公司前總裁馬修・布拉是否對別人的批評很敏感，他的回答是：「是的，早年我對這種事情非常敏感。我當時急於要使公司裡的每一個人都認為我非常完美。要是他們不這樣想的話，我就會感到焦慮。只要一個人對我有一些怨言，我就會想法子去取悅他。可是我所做討好他的事，總會讓另外一個人生氣。然後等我想要彌補這個人的時候，又會惹惱其他人。最後我發現，我越想去討好別人，就越會使我的敵人數量增加。所以最後我對自己說：只要你超群出眾，你就一定會受到批評，所以還是趁早習慣的好。這一點對我大有幫助。從此以後，我就決定只盡自己最大能力去做自己應做的事。我收起那把破傘，讓批評我的雨水從我身上流下去，而不是滴進我的脖子裡。」

　　是的，你要做的就是拿開那把破傘，寧可身體被淋溼，也別讓批評的雨水順著它滴到你的脖子上。即使被別人說了無聊的閒話，被人當成笑柄，被喜歡的人批評了，或者被最親密的朋友背棄了⋯⋯也千萬不要只知

Part 2　認識自己：提高情商的必修課

道自憐，一味地問自己到底哪裡不合對方的心意了。因為那樣一點兒用處也沒有，你是永遠沒有辦法做到令每一個人都滿意的。只有明白了這一點，你才不會明知別人的意見和看法是參考，而再去習慣性做出討好的舉動。靈魂的震撼比語言的震撼來得更猛烈、更有效果。

雖然我們不能阻止別人對自己做出不公正的批評，卻可以做一件更重要的事——我們可以決定不讓自己受到不公正批評的干擾。這一點，林肯先生為我們做了很好的示範，他曾告誡自己：「我盡量用最好的辦法去做，盡我所能去做，我打算一直這樣下去直到把事情做完。如果結果證明我是對的，那麼人家怎麼說我，都無關緊要了；如果結果證明我是錯的，那麼即使花 10 倍的力氣去說我是對的，也沒有什麼用。」

林肯要不是學會了對那些謾罵置之不理，恐怕他早就承受不住內戰的壓力而崩潰了。他寫下的這個如何對待批評的方法，已經成為經典之言。第二次世界大戰期間，麥克阿瑟將軍曾把它抄下來，掛在總部的辦公桌後面，而邱吉爾則將其裱框起來，掛在書房的牆上。

太在意別人批評的人，把對自己的認知建立在別人身上，這樣就會面臨嚴重約束自己的危險。他們讓自己局限於狹窄的範圍內不敢輕舉妄動，於是也讓自己失去了更為廣闊的天地。

情商高的人都不會因為別人的批評而煩惱，他們對待別人的評價，不以自己的心理感受為基礎，更不會以其他人的想法為基礎，而是考慮認知上的完整性，他們全面聽取，綜合分析，恰如其分地對自己做出評價和調整。他們把別人的話當作自己行為的參考或直接置之不理，而不是金科玉律，有言必從。他們明白，人生的棋局該由自己來下，輸贏成敗最終還是要由自己承受。

內省：讓心靈照照鏡子

孔子說，人苦於不自知。的確如此，人的很多迷惑和痛苦都是不自知的結果。比如人類的眼睛演化的結果是只能朝外看，看得見別人身上的瑕疵，卻看不到自己身上的斑點。為了看見自己，人類發明了鏡子，但鏡子只能照出人的外貌，卻照不到人的內心，要看見更真實的自己，我們就要利用一面能照出內在自我的魔鏡——內省。

內省不僅僅是對自己的缺點勇於正視，還包括對自己的優點和潛能的重新發現。透過內省認識了自己，你就是一座金礦，你就能夠在自己的人生中像金子一樣金光燦爛。透過內省認識了自我，你就成功了一半。

內省是自我動機與行為的審視與反思，並透過清理和克服自身缺陷，來達到心理上的健康完善。它是自我淨化心靈的一種手段，情商高的人最善於透過自省來了解自我。

內省是現實的，是積極有為的心理，是人格上的自我認知、調節和完善。內省與自滿、自傲、自負相對立，也根本不同於自悔、自卑這種負面的病態心理。

內省對每一個人來說都是嚴峻的。要做到真正認識自己，客觀而中肯地評價自己，常常比正確地認識和評價別人要困難得多。能夠內省的人，是有大智大勇的人。

內省所尋求的是健康積極的情感、堅強的意志和成熟的個性，要求消除自卑、自滿、自私和自棄，消除憤怒等負面情緒，要求增強自尊、自信、自主和自強，要求培養良好的心態。

Part 2　認識自己：提高情商的必修課

　　蘇格拉底說：「一個沒有檢視的生命不值得獲得。」強者在內省中認識自我，在自省中超越自我。內省是促使強者塑造良好心態的內在動力。

　　在人生道路上，成功者無不經歷過幾番蛻變。蛻變的過程，也就是自我意識提高、自我覺醒和自我完善的過程。人的成長就是不斷地蛻變，不斷地進行自我認識和自我改造。對自己認識得越準確、越深入，取得成功的可能性就越大。任何只停留在外表的修飾美化，如改變口才、風度、衣著等，都無法使人真正成長。要徹底改變原來的自己，必須有一顆堅強的心，以支撐你去經歷更高層次的蛻變。一個真正成熟的人，應該在認識客觀世界的同時，充分看透自己。

　　我們經常會遇到這樣一些人，他們身上有些缺點十分令人討厭：他們或愛挑剔、喜爭執，或小心眼、好忌妒，或懦弱猥瑣，或浮躁粗暴……這些缺點不但影響著他們的事業，而且還使他們不受人歡迎，無法與人建立良好的關係。細究一下，這些人心地並不壞，他們的缺點未必都與道德品格有關，只是他們缺乏內省意識，對自身的缺點太麻木了。本來別人的疏遠、事業的失利，都可以作為對自身缺點的一種提醒，但卻被他們粗心地忽略了，因而也就妨礙了他們自身的成長。

　　對自身的審視需要有很大的勇氣，因為在觸及自己某些弱點、某些卑微意識時，往往會感到非常難堪、痛苦。不論是對自己的環境、對自己的嗜好、對自己的過去審視，都會這樣。但是，無論是痛苦還是難堪，你都必須去正視它。不要害怕對自己進行深入的思考，不要害怕挖掘自己內心不那麼光明的角落，甚至很陰暗的一面。

　　認識自我，是每個人自信的基礎與依據。即使你處境不利，遇事不順，但只要你的潛能和獨特個性依然存在，你就可以堅信：我能行，我能成功！

一個人在自己的生活經歷中，在自己所處的社會境遇中，如何真正認識自我、肯定自我，如何塑造自我形象，如何掌握自我發展，如何抉擇積極或消極的自我意識，將在相當程度上影響或決定一個人的前程與命運。

換句話說，你是渺小而平庸，還是美好而傑出，相當程度上取決於是否能夠反省，充分地認識自己。

柏拉圖說：「內省是做人的責任，沒有內省能力的人不會是個成功的人，人只有透過內省才能實現美德與道德的兼顧，才能真正地認識自我」。從這一刻起，拿起內省的魔鏡，好好審視一下自己吧，你將會有很大收穫的！

有目標才不會讓心靈走失

人們往往習慣把別人的成功當作運氣使然，把自己的失敗歸結為命運的安排，因此放棄了努力，把自己的命運交給上天。情商高的人卻懂得目標的重要性，更懂得給自己制定明確的目標，並更好地進行自我要求。他們深知一個人只有設定了明確的目標，才更容易成功。那些沒有目標的人，就如水上的浮萍，東飄西蕩，不知何去何從，空度一生。人生一旦沒有了目標，人就很容易陷入和理想無關的繁雜事務中。一個人一旦忘記了最重要的事情，就會成為瑣事的奴隸，取得成功當然就無從談起了。

目標對於人生，如同空氣對於生命一樣不可或缺，沒有目標的人無法取得成功，就像沒有了空氣人就無法生存一樣。也就是說，要想獲得成功，就要用目標來優化人生的歷程。因為，心中擁有目標，會給我們帶來

Part 2　認識自己：提高情商的必修課

生存的勇氣，將艱難困苦轉化成為我們堅忍不拔的精神和毅力。

當目標存在我們的腦中之後，即使從事其他工作，潛意識當中依然會思量對策，所以會在不知不覺之中慢慢接近目標，最終實現夢想。擁有目標的人成功立業的機率，無疑要比缺乏人生目標的人高得多。實現目標就像是在攀登階梯，應該循序漸進，儘管前途充滿艱難險阻，也要學會自我勉勵。無論遇到多少打擊都不能氣餒，要堅持到底。一個擁有明確目標的人總是默默耕耘，從來不會叫苦。雖然說機運的確能改變一個人的命運，然而對於有設定目標的人來說，與其去相信偶然出現的機運，不如去掌握必然。

心中有目標就會對不相關的煩惱變得不太在意，人變得開朗、豁達。因為人的注意力是有限的，一旦全身心地為了實現目標而努力，就不會輕易受到其他事情的干擾，這個道理是顯而易見的。

成功人士和平庸之輩最大的不同，就在於前者能夠為人生做出計劃、設定目標，找到一生的方向；而後者從來沒有計畫過自己的人生，每天都得過且過。如果你不想成為庸庸碌碌的失敗者，那麼就給自己樹立一個正確的目標吧。有了目標，心靈就有了方向，這樣它才不會迷失！

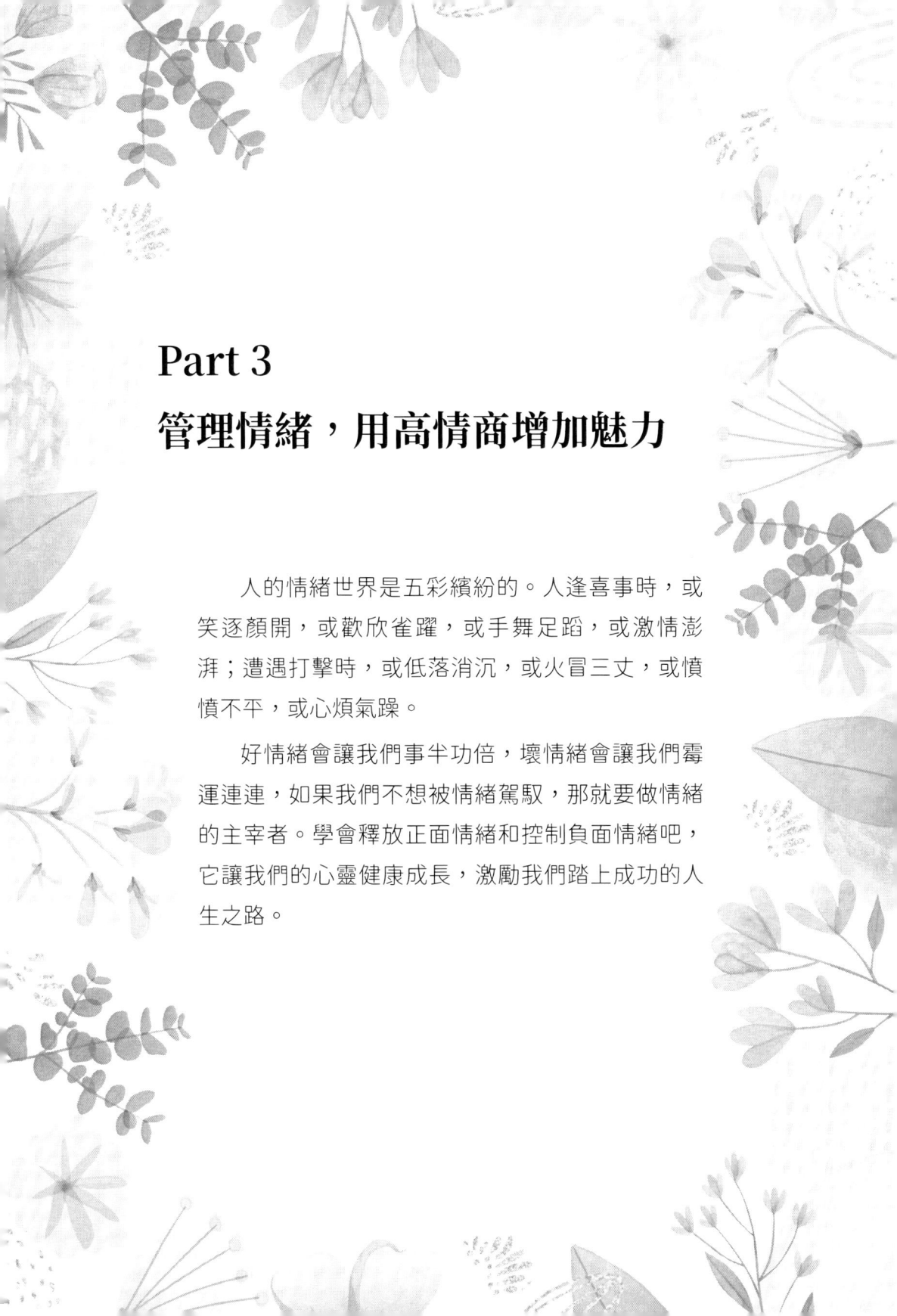

Part 3
管理情緒，用高情商增加魅力

人的情緒世界是五彩繽紛的。人逢喜事時，或笑逐顏開，或歡欣雀躍，或手舞足蹈，或激情澎湃；遭遇打擊時，或低落消沉，或火冒三丈，或憤憤不平，或心煩氣躁。

好情緒會讓我們事半功倍，壞情緒會讓我們霉運連連，如果我們不想被情緒駕馭，那就要做情緒的主宰者。學會釋放正面情緒和控制負面情緒吧，它讓我們的心靈健康成長，激勵我們踏上成功的人生之路。

Part 3　管理情緒，用高情商增加魅力

情緒好壞影響身體狀態

情緒不僅能夠影響人的心理狀態，還能夠影響人的生理活動。比如：高興時，人的心理狀態良好，會眉開眼笑；傷心時，人的心理狀態差，會痛哭流涕，眼部肌肉緊縮；氣憤時，人的心理狀態會失控，會橫眉張目、咬牙切齒；害羞時，人的心靈之窗會自動半掩，會血流加速、面紅耳赤……

同樣，一個人生理狀態的好壞也會對情緒產生影響，身體健康則不容易產生負面情緒，身體不適則容易情緒低落。比如，如果一個人前一晚休息充分、睡眠充足，早上醒來的時候他的心情會很好，甚至可能哼著歌洗臉、梳頭；一個飽受飢餓折磨的人很難快樂；一個生命垂危的人不會興高采烈、信心百倍。

在生活中，身體健康與情緒相互影響的例子比比皆是。

美國曾經發生過一起駭人聽聞的案件。一個原本溫文爾雅、待人有禮，與身邊人相處融洽的青年，莫名其妙地用槍把自己的家人打成一死三傷，隨後，他又跑到大街上，用衝鋒槍攻擊路人，釀成三十多人死傷的慘劇。

警方將其擊斃後，卻一直找不到他的犯罪動機。後來，一名法醫專家找到了原因。原來這名青年的顱內長了一個腫瘤，引起了大腦情緒功能組織的病變，進而使他的情緒變得暴躁、衝動，成為一個嗜血的殺人魔頭。

身體的健康狀況會影響到情緒的好壞，同時，情緒也能夠透過影響人的心理狀態對人的身體健康產生作用。

情緒好壞影響身體狀態

心理學家巴夫洛夫為了研究情緒與健康的關係,做過這樣一個實驗:

他給狗看兩種圖形——圓形和橢圓形。給狗看圓形時,同時給它一份食物;給狗看橢圓形時,同時電擊它一下。若干天以後,狗就形成了條件反射——見到圓形就搖頭擺尾、流口水,十分高興;見到橢圓形則緊張害怕,隨時準備逃走。

後來,巴夫洛夫將圓形一點一點地變成橢圓形,將橢圓形一點一點地變圓。起初狗還能分辨,並作出相應的反應。然而,當這兩個圖形越來越相近,以致難以區分時,狗就開始惶恐不安、無所適從,它在籠子裡四處亂轉、大聲嚎叫,甚至出現厭食、肌肉痙攣、嘔吐等症狀。

一段時間以後,狗出現皮膚乾燥、掉屑、脫毛、潰瘍等症狀,甚至身體還開始長出各種腫瘤,比如甲狀腺瘤、膀胱腫瘤、肺腫瘤等。

從上面對動物的實驗中,我們可以看出長期的惶恐不安能夠促發身體的病變,情緒與身體健康有著密切的關係。良好的心理狀態能對人體的生命活動造成促進作用,可以增強免疫力,使人健康、長壽;而負面的心理狀態會對人的生命活動產生負面影響,甚至會造成身體狀況惡化。

美國著名家庭經濟學家海倫・科特雷克研究發現,負面情緒影響體內營養素的吸收利用。科特雷克認為,經常在緊張情緒狀態下生活的人,心跳加快,血流加速。這種超負荷的情況,會消耗體內大量的氧和營養素。而且,處於緊張狀態下的人體器官,特別是全身肌肉,在消耗比平時多出1～2倍營養素和氧氣的同時,還會產生比平時多得多的廢物。要排除這些廢物,內臟器官得加緊工作,這又必須消耗氧氣和營養素,進而造成惡性循環。

中國古代也有很多關於情緒影響健康的說法,比如「內傷七情」說,

Part 3　管理情緒，用高情商增加魅力

古人認為「喜、怒、憂、思、悲、恐、驚」七種情緒產生過度時，就會產生生理疾病。《黃帝內經》中就有「怒傷肝」、「喜傷心」、「思傷脾」、「憂傷肺」、「恐傷腎」的記載。

現代醫學對此也做出了詳細的解釋，專家們透過研究發現，當人的心理狀況不好時，體內的腎上腺皮質類固醇含量會增加，進而使 T 細胞的功能下降，同時對免疫球蛋白產生抑制，干擾白血球生成，降低抗體活動能力，使身體的免疫力下降，進而導致疾病發生。較長時間情緒處在憂鬱中的人，因中樞神經系統指令傳導受阻，胃液分泌大量減少。如果缺少胃液對胃壁的刺激，人的食量就會銳減。由於胃液減少，缺乏消化酶對營養素的分解化合，雖不必然發生腹瀉，亦難使營養素在體內消化吸收。由於體內營養素缺乏，身體會出現種種生理上的不適，而這些生理不適又會加重心理不適，使憂鬱狀態更為嚴重，進而造成惡性循環。

根據身體和情緒的這些變化，我們不難看出：正面的情緒狀態可以增強人的抵抗力，負面的情緒狀態則會對身體構成一定的傷害。因此，即使只是出於對健康的考慮，我們也一定要讓自己保持好情緒，用好心情來呵護我們的健康。

你的幸福正在被情緒化謀殺

有人說「幸福的女人不管嫁給誰都會幸福」。當然，這句話無論對於男女都同樣適用。那麼什麼樣的人才算是幸福的人呢？答案眾說紛紜，但是有一點是可以肯定的，那就是他必定不是一個情緒化的人。如果一個人

的情緒不穩定，那麼即使他的事業再怎麼成功，他感知幸福的能力也會大大降低，他的情緒化甚至會把別人的幸福感吞噬掉。下面的情景或許會讓你有似曾相識的感覺。

一個女人正在廚房洗碗，但顯然這並不是她想做的。她已經勞累了一天，從水聲與碗盤碰撞的叮噹聲，你就能感覺到她內心深處的煩躁與不滿。

這時候，她丈夫竟從客廳端來一杯熱茶，雙手捧到她面前。這本來應該是一個浪漫又感人的畫面，可是女人的反應卻把這溫馨的畫面撕得粉碎，那個女人對自己的丈夫吼道：「別在這裡假裝好心啦！」

於是，男人只好低著頭又把那杯茶端回屋裡。那杯熱茶就像他的心一樣，伴著妻子的抱怨瞬間冷卻了：「端茶來給我喝？少惹我生氣就行了。我的命可真不好啊！整天給一家老小做牛做馬，沒人幫忙也就算了，還故意在我眼前惹我生氣……」

抱怨聲就這樣伴著水聲持續著，也許這位妻子真正需要的不是一杯熱茶，而是有人來分擔家務。但是，在丈夫對她獻殷勤的時候，她實在沒有必要把情緒發洩到對方身上。她的情緒化讓兩個人的幸福失去了立足的空間，當最後一點幸福感也被不良的情緒吞噬乾淨後，生活和婚姻還有什麼樂趣可言呢？

毫無疑問，情緒化是人類幸福的殺手，它殘忍地謀殺著屬於我們的幸福。我們都知道應該控制它，可是對於一個情商低的人來說，壞情緒一來說什麼都沒用，什麼難聽的話都敢說，什麼傷人的事都敢做，甚至不計後果釀成大錯，更別說拿理智控制情緒了。

那麼，我們究竟應該怎樣控制自己的情緒化行為呢？

適時轉移

把自己的注意力、思想和行為轉移到不相關的方面。

①愉快回憶。時常回憶自己經歷過的那些令人愉快的事情,比如一次令人心曠神怡的旅行,一次令人歡呼雀躍的成功等。回憶的情景和事情要根據正在面對或即將面對的情景和事情而定。回憶一次與眼前不愉快的體驗相關的愉快體驗,會使眼前的不快感大大減輕。

②聽音樂。在音樂的旋律中,人的心情可以獲得放鬆,變得舒暢。

③做自己喜歡做的事情。當自己被某件事情、某種情緒困擾的時候,我們不妨暫時抽身出來,做些自己喜愛的活動或遊戲。

④積極工作。當你因不受重用、身處逆境或被人瞧不起而感到苦悶情緒低落時,不妨把自己的精力投入到你感興趣的某一項工作和事業中,透過被認可、被肯定來改變自己的處境和改善自己的心境,進而使自己原本被壓抑的情緒得到昇華。

⑤做運動。適量的運動能夠讓人緊繃的神經放鬆。專家認為;5分鐘輕快的漫步就可以使人精神飽滿。此外,人在運動的時候,身體能夠產生一種讓人覺得快樂的激素 —— 多巴胺。

適度宣洩

一般來說,人在困境、逆境時容易產生不良情緒,而且當不良情緒不能釋放、長期壓抑時,就容易產生情緒化行為。適時地宣洩消極情緒,會有益於身心健康。當有不愉快的事情發生時,千萬不要壓在心底,找知心朋友或是親人訴說一番,或是找一個沒有人的地方大哭一場,這種發洩可以將內心的憂鬱釋放出來,繼而使人感到不那麼壓抑。不讓壞情緒堆積,

它也就不會隨時跑出來給你搗亂、破壞你的幸福感了。西晉阮籍常常到人跡罕至的地方痛哭一場，發洩心中苦悶。古人如此，今人何懼？

自我暗示

當不知道自己的負面情緒產生的原因時，可以透過自我調整來緩解情緒。

①自我安慰。我們追求某個理想而無法實現時，心中感到失落是難免的，這個時候他人的安慰固然重要，自我安慰更是不可小看。要減少內心的失望，就需要我們來為失敗找一個冠冕堂皇的理由，以安慰自己，有時候真的需要一點「吃不到葡萄就說葡萄酸」的小智慧。不要一味地自責，適當地安慰一下自己吧。畢竟成功道路兩旁的溝裡纍纍白骨全是失敗者，沒死，還可以繼續追逐。沒什麼大不了。

②語言提示。語言具有神奇的魔力，在我們情緒激動時，自言自語也是個緩解情緒的有效方法。輕聲對自己說「要冷靜」、「不可發火」、「要注意自己的身分和影響」等，這些語言看似輕微，但實際上卻可以抑制自己的情緒。另外，在清楚自己弱點的情況下，也可以預先寫上有針對性的語言，諸如將「制怒」、「鎮定」、「三思」等條幅置於案頭或掛在牆上。

冷靜分析

當負面情緒產生時，透過冷靜分析找到解決問題的方法才是治本之道。

①推理比較。冷靜地剖析事情的各個方面，把自己的經驗和別人的經驗進行客觀比較，並在比較中尋找成功的突破點，堅定信心，排除畏懼情緒。

②認識社會，保持達觀。人生不如意事十之八九，圓滿的事情總是占少數，我們要學會正確認知、對待社會上存在的各種矛盾。能夠領悟到這一點，我們就會以達觀的心態來面對生活或工作中不順心的事，克服悲觀、低落甚至厭世的情緒。即使遇到嚴重挫折也不會氣餒，不會打退堂鼓，更不會覺得生無可戀，讓自己走入悲觀絕望的沼澤。

沒有人天生注定是不幸福的，除非你自己關起心門，拒絕幸福之神的來訪。與其一天到晚抱怨自己多麼不幸福，不如藉由改變自己的情緒、個性來改變命運，你會發現原來獲得幸福很簡單。

沒有人天生注定是幸福的。與其羨慕嫉妒，不如收拾心情，做出改變。天上並不會掉餡餅，更不會掉「幸福」。從來沒有救世主，能讓你幸福的，只有自己。

心態平和才能取得成功

小男孩吉姆從叔叔手裡接過魚竿，同他一起穿過樹林去釣魚。這是他第一次釣魚，他興奮不已。

經驗豐富的叔叔深諳何處小狗魚最多，他特意把吉姆安排在了最有利的位置上。吉姆學著別人釣魚的樣子，甩出魚線，魚鉤上的誘餌宛若青蛙跳動似的在水面疾速地蹦了幾下，然後他急切地等候魚兒上鉤。很長時間過去了，沒有任何動靜，吉姆不免有些失望。

「再耐心等等。」叔叔鼓勵吉姆。

忽然，誘餌消失了。

心態平和才能取得成功

「這下可算上鉤了，」吉姆心想，「總算有收穫。」於是，他猛地一拉魚竿，沒想到扯出的卻是一團水草……

就這樣，吉姆一次又一次地揮動發酸的手臂，把魚線丟擲出去，但是每次提出水面都是空空如也。灰心喪氣的吉姆向叔叔投來懇求的目光。

「再試一遍，」叔叔若無其事地說，「釣魚要有耐心才行。」

突然，好像有什麼東西在拽魚線。吉姆連忙往上一拉魚竿，一條惹人喜愛的小狗魚在璀璨的陽光下活蹦亂跳。

「叔叔！」吉姆欣喜若狂地喊道，「我釣到了一條小狗魚！」

「別高興得太早。」叔叔慢條斯理地說。他的話音未落，吉姆就看見那條驚恐萬狀的小狗魚鱗光一閃，便似箭一般地射向了河心。魚線上的魚鉤也不見了，吉姆功虧一簣。

吉姆傷心極了，沮喪地坐在草坪上。叔叔走過來重新替他綁上魚鉤，安上誘餌，然後又把魚竿塞到吉姆手裡，建議他再碰一碰運氣。

「記住，小傢伙，」他意味深長地說，「心浮氣躁是釣不到魚的，即使魚已經上鉤，但是在牠還沒有被拽上岸之前，心浮氣躁地吹噓自己已經釣到魚了，仍然有可能讓你『竹籃打水一場空』。我曾不止一次看見許多大人在不同場合下都像你這樣，做了這種愚蠢的事情。」

是的，人生就像是一個釣魚的過程，想要獲得成功、取得成就，就一定要有耐心，擺脫心浮氣躁的毛病，以防和成功失之交臂。

心浮氣躁是一種失衡的情緒狀態，當人處於這種情緒狀態的時候，很難理性地處理事情。他們往往希望事情按照自己的預想進行，他們不能適應現實世界，不接受周圍的環境，不服氣最後的結果，也因此常常憂慮。顯然，心浮氣躁是一種情商低的表現。那些擁有高情商的人心態平和，能

Part 3 管理情緒，用高情商增加魅力

踏實地走好人生每一步路，能循序漸進、踏踏實實地去實現自己的人生夢想。

原子彈之父羅伯特・奧本海默曾在一個大型體育館裡做過一次引人深思的演說。

演說那天，體育館裡座無虛席，人們在熱切而焦急地等待著奧本海默做精彩的演講。終於，大幕徐徐拉開，人們看到舞臺的正中央吊著一個巨大的鐵球。為了能夠吊起這個鐵球，舞臺上還搭起了高大的鐵架。奧本海默在人們熱烈的掌聲中從後臺走了出來，然後站在鐵架的一側。人們有些驚奇地望著他，不知道他接下來會有什麼舉動。

這時候走上來兩位工作人員，他們抬著一個大鐵錘，放在奧本海默面前。主持人對觀眾開口說話了：「現在請兩位身強體壯的人到臺上來。」於是很多年輕人躍躍欲試，一陣騷動後，已有兩名動作快的觀眾跑到了舞臺上。

奧本海默這時才開口說話，他對那兩名上臺的觀眾講明規則，然後請他們用一個大鐵錘去敲打那個吊著的鐵球，直到把它盪起來為止。

其中一個年輕人迫不及待地拿起鐵錘，拉開架勢掄起大錘，拚盡全力向吊著的鐵球砸去，結果一聲震耳的響聲過後，球卻紋絲不動。於是他又用大鐵錘接二連三地砸向鐵球，很快他就筋疲力盡、氣喘吁吁了。這時候，另一個人也不甘示弱，他從那個筋疲力盡的人手中接過大鐵錘，也把鐵球打得叮噹作響，可是鐵球始終紋絲不動。

臺下的吶喊聲逐漸消失，所有觀眾好像都已經認定錘擊是沒用的，等著奧本海默出來解釋。會場恢復了平靜，只見奧本海默從上衣口袋裡掏出一個小錘子，然後認真地對著那個巨大的鐵球不停地有節奏地敲擊著。

心態平和才能取得成功

　　10分鐘過去了，20分鐘過去了，觀眾早已經開始騷動，他們以各種聲音和動作來發洩自己的不滿。而臺上的奧本海默卻仍然在一下一下地敲擊著，他似乎根本就沒有聽見人們的喊叫聲。臺下的觀眾開始憤然離去。

　　大概在奧本海默敲到40分鐘的時候，突然，坐在前面的一個人尖叫道：「球動了！」會場頓時鴉雀無聲，人們都聚精會神地看著那個鐵球。只見那個鐵球真的開始以很小的幅度擺動了起來，不仔細看很難察覺。奧本海默仍然沒有任何反應，還是繼續一下一下地敲著。最後，鐵球在他一錘一錘地敲打中越盪越高，並拉動著那個鐵架子哐哐作響，巨大的威力使在場的每一個人都感受到強烈的震撼。終於，響徹雲霄的掌聲在體育館內爆發，在掌聲中，奧本海默轉過身來，慢慢地把那把小錘子揣進兜裡。

　　人們開始安靜下來。奧本海默開始了自己的演說，而這個演說只有一句話：「在成功的道路上，如果你沒有足夠的耐心去等待成功的到來，那麼，你只好用一生的耐心去面對失敗。」

　　不可否認，事實就是如此，我們越著急就越無法成功。焦急和浮躁已經令我們失去了清醒的頭腦，又怎麼能夠冷靜地思考和決策，進而取得成功呢？

　　因此，與其心浮氣躁，一無所獲，不如停下來，尋回耐心，冷靜思考一下究竟哪裡出了問題。清醒之後的頭腦會告訴你，所有的事情都不可能如你所願般一下子就能完成，即使爬上最高山峰的人一次也只能腳踏實地地邁出一步。

　　請記住，心浮氣躁是釣不到魚的，只有擺脫了心浮氣躁的羈絆，我們才有可能釣到大魚，才不會讓魚跑掉，成功也是一樣！

Part 3　管理情緒，用高情商增加魅力

事情遠沒有想像的那麼可怕

我們害怕活著，害怕死掉，害怕活著和死掉之間的每件事。每件事情看起來都那麼難，我們天天都在害怕自己處理不好，害怕自己會因此失去什麼。

恐懼是人的天性，而讓恐懼消失的唯一方法就是面對恐懼。俗話說「做你害怕的事，並看著它消失」。通常，當你克服一種恐懼，你會發現它並沒有你原來所想的那麼令人害怕。

一位心理學家想知道人的心態對行為到底會產生什麼影響，於是他做了一個實驗。首先，他讓10個人穿過一間黑暗的房子，在他的引導下，這10個人都成功地穿了過去。然後，心理學家打開房內的一盞燈。在昏暗的燈光下，這些人看清了房內的一切，都嚇出一身冷汗。這間房子的地面上有一個大水池，水池裡有十幾條大鱷魚，水池上方搭著一座窄窄的小木橋，剛才，他們就是從這座小木橋上走過去的。

心理學家問：「現在，你們當中還有誰願意再次穿過這間房子呢？」沒有人回答。過了很久，有3個膽大的人站了出來。

其中一個小心翼翼地走了過去，速度比第一次慢了許多；另一個顫顫巍巍地踏上小木橋，走到一半時，竟趴在小橋上爬了過去；第三個剛走幾步就趴下了，再也不敢向前移動半步。

心理學家又打開房內的另外幾盞燈，燈光把房子裡照得如同白晝。這時，人們看見小木橋下方裝有一張安全網，只是由於網線顏色極淺，他們剛才根本沒有看見。

「現在，誰願意走過這座小木橋呢？」心理學家問道。這次有 5 個人站了出來。

「你們為什麼不願意呢？」心理學家問剩下的兩個人。

「這張安全網牢固嗎？」兩個人異口同聲地反問道。

很多時候，我們做事情就像穿過這間黑房子一樣，失敗的原因恐怕不是因為自己力量薄弱、智力不足，而是對周圍環境的懼怕。面對險境，很多人早就失去了平靜的心態，慌了手腳，亂了方寸。這就是恐懼心理在作祟，我們害怕的往往是我們所能看到的一切。

面臨險境時我們如此，在面對生活中其他事情時我們也是這樣的。我們害怕任何不確定的東西，害怕承諾，因為我們不知道未來如何變化；害怕遭到拒絕，因為那意味著自己要面臨一次抉擇，而掌控權在別人手裡；害怕去愛，因為害怕受到傷害；害怕付出，因為害怕付出後可能會永遠失去……

正像蕭伯納所說的那樣：「對於害怕危險的人來說，這個世界總是危險的。」可是你的害怕並不能改變事實的存在，情商高的人明白，與其飽受各種恐懼心理的煎熬，不如勇敢一點去面對，而且他們也這樣做了，結果是，事情遠沒有想像的那麼可怕！

控制自己的負面情緒

大衛在一家夜總會裡吹薩克斯風，他的收入雖然不高，但是人們眼中的大衛卻總是樂呵呵的，對什麼事都表現出十分樂觀的態度。他總說：「太陽落下了，總還會升起來；太陽昇起來了，也遲早要落下去。這就是生活。」

Part 3　管理情緒，用高情商增加魅力

　　大衛酷愛車，然而憑他微薄的收入當然是不可能擁有一輛屬於自己的車的。每當與朋友們在一起時，他總是充滿期待地說：「要是我能有一輛車該多好啊！」朋友就逗他說：「那你就去買樂透吧，中了獎就買得起車了！」

　　於是他真的去買了兩塊錢的樂透。也許是上天太偏愛他了，大衛真的憑著兩塊錢一張的樂透中了大獎。

　　大衛終於如願以償，他用一部分獎金買了一輛自己喜歡的車。他每天開著車兜風，也很少去夜總會了。人們常常會看到他吹著口哨在林蔭道上行駛，他的車子也總是被擦得一塵不染。

　　然而，總會有意想不到的事情發生。一天，大衛去夜總會的時候把車停在樓下，結果半小時後他下樓，發現車被偷走了。

　　朋友們得知這個消息後，一想到他愛車如命，花那麼多錢買來的愛車就這樣在眨眼間消失，都擔心他受不了這個打擊，便一起來安慰他：「大衛，車丟了就丟了吧，以後還有機會再買呢，你可別太悲傷了啊！」

　　大衛見朋友們這樣，突然大笑了起來，他說：「嘿，哥們，我為什麼要悲傷呢？」

　　朋友們疑惑地互相望著。

　　「假如你們有人不小心丟了兩塊錢，你們會悲傷嗎？」大衛笑著說。

　　「當然不會！」朋友們答道。

　　「是啊，我丟的不過就是兩塊錢而已！」大衛笑道。

　　是的，誰會為丟失兩塊錢而悲傷呢？故事中的大衛之所以過得快樂，就是因為他可以很好地駕馭自己的情緒，尤其是生活中那些負面的情緒。

控制自己的負面情緒

在現實生活中，一個人是否幸福，情緒起著至關重要的作用。然而負面情緒卻是我們前進道路上的桎梏，如果我們放任自己的負面情緒，則必然會影響到生活。一個被負面情緒所左右的人，是不可能走向成功的。

所以，我們有必要讓自己保持健康的情緒狀態。這就需要我們自己在頭腦裡裝上一個控制情緒活動的「開關」，以理智和意志來控制自己的情緒活動。一旦情緒活動被理智和意志控制住，人們的情緒便會基本保持平靜和穩定，而這恰恰是取得成功的關鍵。

其實，一些小事根本就不值得一提，它們就像那「兩塊錢」一樣，沒有什麼值得大驚小怪的。別人根本沒有在意或早已忘卻的事情，如果你還耿耿於懷，那無疑是對自己的懲罰，輕則傷心難過，重則可能一命嗚呼。

契訶夫的小說《小公務員之死》中的主角，在看戲時與部長大人坐到了一起，不幸的是他卻不小心把唾沫星子弄到了部長的大衣上，於是，他就神經質般地變得惶惶不安起來。他連連向部長道歉，可是情況似乎很糟，因為在他看來，部長對他的解釋並不滿意，絲毫沒有原諒他的意思。結果這位可憐的小公務員，在巨大的精神壓力下一命嗚呼了。

這就是無法戰勝自己情緒的表現。人們總是努力地想去扮演一個完美者的角色，我們不願意讓別人對自己有任何看法或不滿。我們對自己犯的錯感到自責、憂慮、不安，這些都只會加重負面情緒帶給我們的影響，給自己的心理造成障礙。就像那位小公務員，如果他可以控制自己的負面情緒，結果就不會是那樣。凡事往好的方面想，不要將自己的過錯放大，你就會發現自己在負面情緒下產生的惶恐不安的心情其實大可不必存在。

在我們的生活中，有很多關於「兩塊錢」的事情，計較是計較不過來的，倒不如放寬自己的心態，不要太把它當回事。

Part 3　管理情緒，用高情商增加魅力

99%的憂慮都不會發生

　　狄士雷里說過：「生命太短促了，不能再只顧小事。」這句話曾經幫安德烈・摩瑞斯挨過很多痛苦的時期。摩瑞斯說：「我們常常讓自己因為一些小事情，一些應該不屑一顧和很快遺忘的小事情弄得非常心煩……我們活在這個世上只有短短的幾十年，而我們浪費了很多時間，去為一些一天之內就會被人忘記的小事發愁。不要這樣，不要再顧及那些小事。」

　　一個情商高的人，完全能夠掌控和調適自己的情緒，不會為一點瑣碎小事而憂慮，尤其不會讓還沒有發生的憂慮困住自己，因為99%的憂慮其實不會發生。

　　史密斯先生四十多年來生活一直過得很舒心，只有一些身為人父以及生意上的小煩憂，他通常也都能從容應付。可是在1943年的夏天，世界上大多數煩惱似乎都降臨到史密斯先生的頭上，接二連三地向他襲來，他因為這些煩惱整晚輾轉反側，陷入深深的憂慮之中。

　　第二次世界大戰讓他興辦的商業學校困難重重。因為男孩都入伍作戰去了，所以學校面臨嚴重的財務危機，他的長子也在軍中服役，像所有兒子外出作戰的父母一樣，他非常牽掛和擔憂。

　　市政府正在徵收土地建造機場，他的房子正巧位於這片土地上。他能得到的賠償金只有市價的十分之一。最慘的是他們一家可能會無家可歸，因為城市內的房源不足，他害怕不能找到一個遮蔽一家六口的房子，說不定他們得住在帳篷裡，就連能不能買到一頂帳篷，他也覺得是一個大問題。

農場裡的水井乾枯了，因為他家房子的附近正在挖一條運河。再花500美元重新挖個井，等於把錢丟到水裡，因為這片土地已被徵收了。現在他每天早上得運水去餵牲口，可能要堅持兩個月，還有可能後半輩子都得這麼累。

他住在離商業學校16公里遠的地方，受限於戰時的規定，他又不能買新輪胎，所以他總是擔心那輛老爺福特車會在前不著村後不著店的荒郊野外拋錨。

他的大女兒提前一年高中畢業，她下定決心要念大學，他卻籌不出學費，她會因此而心碎的。

……

一天下午，史密斯正坐在辦公室裡為這些事憂慮著，他忽然決定把它們全部寫下來，因為這些困難好像已經超出了他的控制範圍。看著這些問題，他覺得束手無策。

可是一年半以後的一天，史密斯在整理東西時發現了這張紙，上面記載著他曾經有過的那些巨大的煩惱。但有趣的是，他發現其中沒有一項真正發生過。

擔心學校無法辦下去是沒有意義的，因為政府開始撥款訓練退役軍人，他的學校沒多久就招滿了學生；擔心從軍的兒子也沒有意義，他的兒子毫髮無損地回來了；擔心土地被徵收去建機場也是無意義的，因為政府在他家附近發現了油田，因此不可能再被徵收；擔心沒水餵牲口是無意義的，既然他的土地不會被徵收，他就可以花錢再掘一口新水井；擔心車子在半路上拋錨是無意義的，因為他小心保養維護愛車，倒也堅持下來了；擔心長女的教育經費是無意義的，因為就在大學開學前6天，有人奇蹟般

Part 3　管理情緒，用高情商增加魅力

地提供她一份從事稽查的工作，他的女兒可以利用課後的時間兼職，這份工作幫助她籌足了學費。

透過史密斯先生的故事可以看出，99%的憂慮其實是不會發生的。為了也許根本不會發生的事而飽受煎熬，是一件愚蠢的事。今天正是你昨天憂慮的明天。在憂慮時你不妨問問自己：我怎麼知道我所憂慮的事真的會發生？生活原本應該是輕鬆的，但是之所以有很多人存在揮之不去的煩惱，不是因為這個世界快樂太少，而是因為庸人自擾。當你再次為了這些可能不會發生的事憂慮時，也許你可以學學松鼠太太。

「睡覺吧，別再想了，明天還是一樣能過去的。」松鼠太太勸慰丈夫說。松鼠丈夫輾轉反側，一直沒有入睡。

「你說，我能不急嗎？」松鼠先生滿面愁容，「為了辦我們的堅果加工廠，我向鄰居苦苦相求，好不容易才借了一筆錢，眼看明天就要還錢了。可是，我們加工的食品還沒有出廠呢，我拿什麼還啊！那個鄰居愛錢如命，催得比什麼都緊，明天可怎麼過啊？」說完又嘆了一口氣。

松鼠太太說：「睡吧，到了明天自然會有辦法的。」

「可是真的一點辦法都沒有了。」丈夫抱著頭悶聲悶氣地說。

松鼠太太忍無可忍，就跳出樹洞，對著鄰居高喊：「我丈夫明天可能沒有錢還你們！」

她又回到床上，對丈夫說：「我想現在應該是他們睡不著了！」

不一會兒，松鼠先生就睡著了。

松鼠太太的做法是非常高明的，在大多數時間裡，要想克服一些小事情所引起的困擾，只要把自己的看法和重點轉移一下就可以了──讓自己擁有一個新的、能使你開心一點的看法。

擔心不會讓現實有任何改變，與其無止境地擔心下去，不如及時調整自己的心態，這樣生活才不會那麼累！

主動選擇自己的情緒狀態

生活本身就是由一個接著又一個的選擇組成的。情緒亦然，你可以選擇以正面的情緒面對眼前的一切，也可以選擇以負面的情緒來面對。前者會讓人收穫幸福與快樂，後者卻會讓人更加消沉。既然選擇一個就要放棄另外一個，那麼我們為何不選擇好的擺脫壞的呢？

喬治的心情永遠都是那麼愉快，總有些積極奮進的話要講。當別人問他怎麼做到每天都如此積極樂觀時，喬治回答道：「每天早上醒來後我都會對自己說：『喬治，今天你有兩種選擇，可以選擇好心情，也可以選擇壞心情。』我選擇了好心情。每次發生不開心的事情時，我有權選擇是成為犧牲品還是從中汲取教訓。我往往選擇後者。每次有人來找我訴苦，我可以接受他們的抱怨，也可以向其指出生活的積極面。此時，我也會選擇後者。」

提問者也覺得這樣很有道理，但是認為長期那樣做非常不容易。

「其實容易得很，」喬治說，「生活充滿了選擇，每種情形都是一種選擇。怎樣面對生活中的各種境遇，別人會對你的情緒產生怎樣的影響，你的心情是否愉快等，都由你自己去選擇。簡而言之，怎樣生活由你自己選擇。」

喬治的確能夠選擇自己以怎樣的情緒面對生活，但是無法避免突發事

件。幾年後，他遭遇了一場不幸事故，他從一座18公尺高的通訊塔上摔了下來。

經歷18個小時的手術，經過幾個星期的精心護理，他出院了，但背部還有金屬支架。事故發生半年後，偶遇的朋友問他近況，他仍然開朗地說：「想看一下我的傷疤嗎？」朋友沒有看他的傷疤，只是問了事故發生時他的一些想法。

「我最先想到的是快要出生的女兒，」喬治答道，「當我躺在地上時，我想起自己可以選擇活著或死去，我選擇了活下來。」

朋友問他：「難道你不會害怕嗎？當時你是不是失去知覺了？」

喬治繼續說道：「那些護理人員太偉大了，他們一直告訴我說我會好起來的。可是當他們把我推進手術室時，我看到這些醫護人員的表情後，我的確害怕極了。從他們的眼中我讀到：『這個人必死無疑。』我知道我必須得行動了。」

朋友又問：「你怎麼做的？」

「有一位身材高大魁梧的護理師高聲地喊著問我問題，」喬治說，「她問我對什麼過敏，我說有。醫生和護理師都停下來等著我的答案。我深吸一口氣大喊道：『地心引力。』他們笑了。而後我對他們說：『我要選擇活下來，請你們把死人當活人醫。』」

於是，喬治活了下來。這多虧那些醫術高超的醫護人員，當然也因為喬治那種異於常人的好心態。從喬治身上，我們可以得到這樣的啟示：生活充滿了選擇，而那個選擇的人就是我們自己。不是天，不是地，不是命運，不是神佛等諸神，不是別人。只能是我們自己。

樂觀與悲觀不是與生俱來的，而且人的天性也是可以改變的。所以，

當遭遇厄運時，你選擇逃避還是面對？困難來臨時，你選擇退縮還是迎上？痛苦襲來時，你選擇悲觀嘆氣還是微笑面對？危及生命時，你選擇坐以待斃還是積極求生？人生就是這樣的單選題，你選擇什麼樣的答案，就會得到什麼樣的結果。

為壞情緒找一個發洩口

一天深夜，一個陌生女人打電話說：「我恨透了我的丈夫。」

「你打錯電話了。」對方告訴她。

陌生女人好像沒有聽見一樣，依然滔滔不絕地說下去：「我一天到晚照顧小孩，他還以為我在享福；我每天都操持家務，他什麼忙都不肯幫；有時候我想獨自出去散散心，他都不肯。他自己卻天天晚上出去，說是有應酬，誰會相信……」

「對不起，」對方打斷她的話，「我不認識你。」

「你當然不認識我，」她說，「我也不認識你，我只是想找個人訴苦。現在我說出來舒服多了，謝謝你。」她掛斷了電話。

不良情緒產生了該怎麼辦呢？一些人認為，最好的辦法就是克制自己的感情，不讓不良情緒流露出來，做到「喜怒不形於色」。這顯然是不正確的。我們說過，情緒是不能堆積的，而且即使你掩飾得再好，也不能掩蓋它存在的事實。你需要做的不是假裝自己的壞情緒不存在，而是需要給它找一個宣洩口，及時疏導才不會讓情緒決堤。再者說，情緒的豐富性是人生的重要內容。生活中如果缺少豐富而生動的情緒，將會變得枯燥而

Part 3　管理情緒，用高情商增加魅力

沒有生氣。如果大家都「喜怒不形於色」，沒有好惡，沒有喜怒哀樂，那麼，人就會變成只會說話和做動作的機器人了。

強行壓抑自己的情緒，硬要做到「喜怒不形於色」，把自己弄得表情呆板，情緒漠然，不是感情的成熟，而是情緒的退化，是一種病態的表現。那些表面上看起來似乎控制了自己情緒的人，實際上是將不良情緒轉到了內心。

任何不良情緒一經產生，就一定會尋找發洩的管道。當它受到外部壓制，不能自由地宣洩時，就會在體內流竄，嚴重時會危害到自己的心理健康，因此，把自己的壞情緒偶爾發洩一下其實是一種正確的做法。

壓抑情緒或許可以暫時解決問題，但是這麼做等於逐漸關閉了心門，變得越來越不敏感。雖然你不會再受到負面能量的影響，卻逐漸失去了真實的自我。你變得越來越理智，越來越不關心別人，在不知不覺中，壓抑的情緒終將反過來將你吞噬。如果我們一味強調理性，壓抑感情，總有一天你會發現，你已背負了沉重的心理負擔。

一個情商高的人完全能夠定期排除負面能量，而不是依靠壓抑情感來解決情緒問題。敏感的心是實現夢想的重要動力，學會排除負面情緒，這些情緒就不會再困擾你，你也不必麻痺自己的情感。此外，你還必須積極策劃每一天，以積蓄力量，盡情追求夢想，這是你的最佳選擇。

生活中，大概誰都會產生這樣或那樣的不良情緒。每一個人都難免受到各種不良情緒的刺激和傷害。但是，善於控制和調節情緒的人，懂得將不良情緒及時排出體外，只有這樣才能最大限度地減輕不良情緒的破壞性影響，讓自己變得輕鬆起來。

及時調整壞情緒的小方法

在 2004 年雅典奧運會的男子雙人 3 公尺跳板決賽上，彭勃和王克楠的分數遙遙領先，在這種情況下，即使他們的最後一跳出現失誤，冠軍也非他們莫屬了。然而，大概是因為第一次參加奧運會，王克楠的情緒起伏很大，又是高興，又是緊張。最後一跳他竟然直接從跳板上摔進了水裡。當時的解說員前跳水世界冠軍熊倪稱這種失誤是一個專業跳水運動員根本不可能出現的情況。

由於被起伏的情緒所連累，王克楠與奧運金牌失之交臂，留下了一輩子的遺憾。試問，如果他覺察到自己的負面情緒狀態，懂得當時就調整好自己的情緒，這樣的遺憾還會發生嗎？

當遇到類似的情況，我們應該怎麼處理，才能不讓它造成惡劣的影響呢？也許你可以嘗試以下 11 種小方法。

深呼吸法

這主要是針對情緒突然緊張的人的。當你感到極度緊張時，你需要立刻找一個比較安靜的地方，閉起眼睛，全身放鬆地站著深呼吸，同時默數「1－2－3」，吸氣要深、滿，吐氣要慢、勻……緊張的情緒就會得到一定的緩解。

扮鬼臉法

如果你的身邊有鏡子或者其他反光體，那就不妨對著它扮幾個鬼臉：歪嘴扭唇、抬鼻斜眼都可以。一方面可以放鬆面部肌肉；另一方面可以轉移自己的注意力。

反向心理調節法

這個方法的目的是為了尋找一種心理平衡。當情緒受到影響的時候，你可以試著告訴自己：「我就是最優秀的，如果我都不行，那麼別人肯定也不行。」這會有一定的幫助。

臨場活動法

科學研究顯示，緊張情緒會使人的體內產生大量的熱能，而原地走動、小跑、搖擺、踢腿等活動可以釋放緊張情緒產生的熱量，緩解緊張情緒。

閉目養神法

閉目，盡量讓自己的大腦停止轉動，舌抵上顎，經鼻吸氣，安定神情。

凝視法

一直觀察某個物體，細心分析、思索它的顏色、形狀等，這樣可以將注意力從讓我們情緒消極的事情上轉移開。

消遣法

誇張、逗趣的漫畫，悠揚的音樂，讓人爆笑的影視作品，都可以使人心情開朗、情緒高漲，重新產生優越感，恢復自信心。

自我暗示法

自己告訴自己「我準備得很充分，一定可以成功」，「緊張和擔心都是無謂的，毫無意義」等。

類比法

觀察周圍人的狀態，從情緒不好的人身上尋找心理平衡，從情緒好的人身上感受好情緒。

聯想法

回想那些自己曾經取得的成功，想想令人愜意的景象，比如藍天、白雲、微風、流水等。

系統脫敏法

將自己害怕承受的後果、想要達到的效果一一列在白紙上，然後將它們按照程度進行排序，接著從程度最淺的開始，對害怕承受的後果，告訴自己「即使那樣，天也不會塌」；對自己期望達到的效果，告訴自己「即使不能做到，像現在這樣也不差」。

對於負面情緒，我們應該靈活調整。有時候要速戰速決，找到負面情緒的根源事件，透過解決事情來解決情緒問題；有時候我們要稍作迴避，將注意力轉移到積極的一面，等情緒一定好轉後再進行處理；有時候要以柔克剛、四兩撥千斤……

當我們不斷利用各式各樣的技巧來處理、管理自己的情緒時，我們對自己的認知程度也在一步步提高，同時，情商也會隨之提高。

Part 3　管理情緒，用高情商增加魅力

▍調節神經鏈，改變負面情緒

　　低情商的很多種表現是劣性的習慣，而這些習慣的養成往往如同紡線：一開始，它只是一條細細的絲線，但是，隨著我們不斷地重複相同的行為，原來的那條絲線上不斷地開始纏繞上一條又一條的絲線。最後，原來的細線終於變成了粗繩，將我們的行為與思想纏得死死的。此時，情緒往往已形成固化反應。

　　在現實生活中，當你出現沮喪、生氣、壓力大的情緒時，你會採用哪種方法來緩解自己的不安與焦慮？是與人爭吵、逛街，還是吃東西？負面的處理方法會加重個人的低情商表現，並使負面情緒爆發的頻率越來越高。

　　早上 8 點是上班的高峰期，這一天，迪克開著自己的小車去上班，但因為車流量過大，眼看著就要遲到了。後來，好不容易車陣向前移了移，但迪克前面的司機就像是睡著了般沒有移動。見狀，迪克拚命地按喇叭，可是前面的司機似乎不為所動。此時，迪克心中氣極了，他的雙手緊緊地握住方向盤，彷彿是在掐著前面司機的脖子一般。惱怒的迪克甚至想：「下一秒你再不開車，我就衝上去把你揍一頓！」

　　又過了一會兒，迪克見前面的車子依然未動分毫，他再也無法控制自己的怒氣。終於，他開啟車門，下車衝上前去，猛敲那輛車的車門。見有人來找碴，前面的司機也不甘示弱，下車衝向了迪克。就這樣，一場惡鬥在大馬路上展開。

　　結果，強壯的迪克在這場打鬥中獲得了勝利，他成功地打碎了那個司機的鼻梁骨，但他的人生卻因此而陷入了谷底。對方控告他故意傷人罪，

078

調節神經鏈，改變負面情緒

等待他的將是法律的制裁。而且，迪克也因為這次的事件將工作弄丟了。沒人知道，迪克自己剛剛下定決心不再與人爭執，誰知才過了幾天，就發生了這樣的事情。

低情商者往往會對自己的低情商行為有所覺察，並期望透過意志來改變。事實是，改變並不能單憑意志，除非你擁有極強的動力，否則意志的效果是無法維持長久的。身體肥胖者多數會選擇節食這種方法來減肥，往往會以失敗告終。在沒有快樂的刺激下，吃不到好吃的、想吃的食物所帶來的痛苦，會讓節食者的意志力變得脆弱，而這種脆弱的狀態根本不可能實現個人行為與人生的改變。

如果我們想要改變自己的低情商行為，一個有效的辦法就是將自己的舊有行為與痛苦進行聯繫，而將自己所期望獲得的改變與快樂相連。這是一種心理學上的刺激法，我們樂於享受快樂而迴避痛苦。

其實，人類的一切行為都是為了逃避痛苦、得到快樂，藉著這樣的力量，我們能夠使自己的舊有行為得到改變，也可以幫助自己為積極新行為定型。在心理學上，心理專家們一向推崇使用「神經鏈調節術」改變低情商行為。這種方法的本質即依賴於人們對快樂的追求、對痛苦的逃避來調整神經認知，進而使個人去追求他所期望的人生。

「神經鏈調節術」提供的是一套特定的步驟，以期生活出現持久的改變。在運用此方法前，了解神經鍊形成的過程是必要的。在我們經歷了重大的快樂或痛苦時，我們的腦子往往會按下述三個標準來尋找各種原因：不管原因是什麼，由於個人主觀上的判斷，我們很可能會因此而產生錯誤的認知，進而錯失解決問題的機會。

不過，在你正式使用該方法前，你需要具備兩個信念：你的問題是可

以馬上得到改變的;你需要對自己負責。這種「負責」可分為三個部分:

你需要確定「有些事必須要改變」──記住,是「必須」,而不是「應當」改變;

你需要相信「我必須推動改變」──只有你才能改變你的生活;

你需要相信「我有能力來改變」──若你不相信自己能做到,那麼,你勢必會失敗。

如果你渴望自己的情商得到提升,低情商行為有所減少,那麼,參考以下四個步驟,將會給你帶來意想不到的改變。

確定你想要的是什麼,而阻礙你得到它的又是什麼

你要的越明確、具體,你就越能在後續的改變過程中發揮力量,快速地達到目標。而且,你必須知道,是什麼阻礙你得到自己想要的。阻礙我們改變的原因,就是我們將改變與痛苦連在了一起,我們對改變後的未知結果心懷恐懼,因此我們寧可不改變。

迪克的暴怒習慣之所以長久得不到改變,就是因為在看他來,改變了自己的性格就意味著對他人「服軟」,而這種「服軟」在他的意識中是缺乏男子氣概的表現。

找出改變的槓桿,在心理上產生迫切感

所有對情緒、習慣的改變,必然是改變了神經鏈中對痛苦與快樂的詮釋結果。值得一提的是,當我們達到了痛苦的臨界點,且舊有行為帶給我們的痛苦大於我們所能得到的快樂時,改變的行動就能發生,這就是改變的「臨界點」。

這種「臨界點」與槓桿原理相似:槓桿的一邊是痛苦,另一邊是快樂,

痛苦超過快樂時,改變便會發生。

因此,當你有改變的想法時,不如想像一下:一旦不去改變,痛苦將會有多大;改變了以後,快樂又會有多少。對於習慣性拖延的人來說,不去改變拖延的習慣,便有可能失去上司、公司的信任,甚至失去工作與資金來源;而改變了這種負面習慣,得到的發展機會便會越來越多。這本身就是一種痛苦與快樂的相互比較。

終止舊有行為模式

在最開始時,舊習慣、舊情緒之所以持久,是因為它們能夠給我們帶來短暫的快樂,但改變卻會帶來痛苦。這就如同有些人因為受傷而得到了他人的關注,為了繼續引發關注,他不願意自己的傷過早康復一般。此時,我們必須要加強「槓桿」的力量,為自己尋找到更大的壓力來源,迫使自己去改變行為。

另外找出一個新的且有益的行為模式

這一步是建立長久改變中最重要的一步。如果你想戒酒,那你就必須想出新方法來取代過去自己從飲酒中得到的快樂。若你實在想不出什麼好辦法,不如向那些成功戒酒的人去學習,看看他們是怎麼做的。

當這一新行為模式發生後,你就需要一而再再而三地重複這種新行為,使它在腦海中形成牢固的神經鏈,直到它可以帶你擺脫痛苦、得到快樂為止。那時,你的大腦中建立起新的神經管道,新行為也就形成「新的習慣」。

在舊習慣與新習慣交替過程中,強化與鼓勵是必不可少的。若你是一個經常憤怒的人,每一次控制住怒火,就獎勵自己一件喜歡的東西,這是

正面激勵；每一次發火,便懲罰自己當晚不能去看喜歡的電視連續劇,這是負面強化。兩者都可以幫助新行為調整、固化成自發性的行為。

「神經鏈調節術」可以用在對負面情緒的改變和優秀習慣的養成上。每當你成功使用一次「神經鏈調節術」,你不妨審視一下這種改變的結果:你所堅持的改變對你產生了什麼影響?它是否促進了你的事業或人生的發展?當你的答案是肯定時,改變便會進一步固化,形成新的習慣。

用好反向心理調節法

一個年輕人跟禪師學習移山術,學了許久,他仍然沒辦法把山移過來。

禪師說:「所謂移山術,只是拉近你和山的距離。既然山不過來,那你就過去。」

山不過來,我就過去,改變不了別人,那就改變自己。

指望改變別人而讓自己快樂起來,這是極不可靠的,弄不好還會讓自己陷入更負面的情緒中。

只有你自己才能夠無條件地聽你的差遣,自己的情緒自己負責,你能改變的只能是你自己。

承認人的獨立性、獨特性和事情的現實性,才不至於跟眼前的人或事過不去,才能夠及時擺脫壞情緒的糾纏,騰出精力去解決問題。

改變自我,除了改變自己慣常的思考方式之外,改變自己的注意力,即轉移興奮中心也是一個重要方法。

用好反向心理調節法

產生了負面情緒之後,要改變這種狀態可以有意識地去找其他事情做,藉此分散注意力,如讀報看書、郊遊垂釣、尋友訪舊、種植花草等,總之,盡量去做自己平時愛做的事,這是完全可以選擇的。

事情已成定局,難以挽回的時候,可以使用反向心理調節法維護自己的自尊心和自信心,以圖再度振作,這個時候我們不妨做一隻狐狸──

幾隻狐狸同時走到葡萄架下,卻無法吃到葡萄。

第一隻自我安慰說葡萄是酸的,自己不想吃,走了。

第二隻不斷地使勁往上蹦,不抓到葡萄誓不罷休,最終耗盡體力累死在葡萄架下。

第三隻狐狸吃不到葡萄便破口大罵,抱怨人們為什麼把葡萄架得那麼高,不料被農夫聽到,把它一鋤頭打死在地。

第四隻因生氣抑鬱而死。

第五隻犯了瘋病,整天口中唸唸有詞:「吃葡萄不吐葡萄皮……」

哪隻狐狸的情商最高?

心理學認為,人的好惡和自我評價來自於價值選擇,當負面的情緒困擾你的時候,學會從相反的方向思考問題,這樣就會使你的心理和情緒發生良性變化,進而得出完全相反的結論。

這種運用心理調節的過程,稱為反向心理調節法,它能使人戰勝沮喪,從不良情緒中解脫出來。

兩個工匠去賣花盆,途中翻了車,花盆中的大半部分被打碎。

悲觀的花匠說:「完了,壞了這麼多花盆,真倒楣!」

而另一個花匠卻說:「真幸運,還有這麼多花盆沒有被打碎。」

Part 3　管理情緒，用高情商增加魅力

後一個花匠運用反向心理調節法，從不幸中挖掘出了幸運。

很多情況下，人們的痛苦與快樂並不是由客觀環境的優劣決定的，而是由自己的心態、情緒決定的。遇到同一件事，有人感到痛苦，有人卻感受到快樂，情商不同的人會得出不同的結論。

在煩惱的時候，與其在那裡唉聲嘆氣、惶惶不安，不如拿起心理調節武器，從反方向思考問題，使情緒由陰轉晴，擺脫煩惱。

俄國作家契訶夫曾寫道：「要是火柴在你的口袋裡燃燒起來，那麼你應該高興，而且感謝上蒼，多虧你的口袋不是火藥庫。要是你的手指扎了一根刺，那麼你應該高興，挺好，多虧這根刺不是扎在眼睛裡。以此類推……照我的勸告去做吧，你的生活就會歡樂無窮。」

當我們遇到困難、挫折、逆境、厄運的時候，運用一下反向心理調節法，就能使自己在困難中奮起，從逆境中解脫，進入灑脫通達的境界。

清空情緒垃圾

世界著名航海家湯瑪斯・庫克船長曾經在他的日記裡，記錄了一次令他百思不得其解的奇遇。

當時，他正率領船隊航行在大西洋上，浩瀚無垠的海面上空出現了龐大的鳥群。數以萬計的海鳥在天空中久久地盤旋，並不斷發出震耳欲聾的鳴叫。更奇怪的是，許多鳥在耗盡了全部體力後，義無反顧地投入茫茫大海之中，海面上不斷激起陣陣水花……

事實上，庫克船長並不是這一悲壯場面的唯一見證者。在他之前，很多經常在那個海域捕魚的漁民都曾被同樣的景象所震懾。

鳥類學家們覺得這種現象十分奇怪。在長期的研究中他們發現，來自不同方向的候鳥，會在大西洋中的這一地點會合，但他們一直沒有搞清楚，那些鳥兒為何會一隻接一隻心甘情願地投身大海。

這個謎團終於在 20 世紀中期被解開。

原來，海鳥們葬身的地方在很久以前曾經是個小島。對於來自世界各地的候鳥們來說，這個小島是牠們遷徙途中的一個落腳點，一個在浩瀚大海中不可缺少的「安全島」，一個在牠們極度疲倦的時候可以棲息的地方。

然而，在一次地震中，這個無名的小島沉入大海，永遠地消失了。遷徙途中的候鳥們，一如既往地飛到這裡，希望在這裡能夠稍作休整，擺脫長途跋涉所帶來的滿身疲憊感，以便能積蓄力量開始新的征程。但是，在茫茫的大海上，牠們卻再也無法找到牠們寄予希望的那個小島了。早已筋疲力盡的鳥兒們，只能無奈地在「安全島」上空盤旋、鳴叫，盼望著奇蹟的出現。

當牠們最終失望的時候，全身最後的一點兒力氣也已經完全耗盡，只能將自己的身軀化為汪洋大海中的點點白浪。

同樣，在緊張忙碌的生活中，在人生漫長的「遷徙」旅途中，每個人都有身心疲憊的時候，每個人都需要一個憩息身心的地方。你是否能夠讓自己的心靈稍作放鬆，是否擁有一個可以讓自己喘上一口氣、稍作休整的「小島」？

給心靈鬆綁鬆綁，不要像那些海鳥一樣，等到自己筋疲力盡的時候，一頭栽進大海。明智的人懂得放鬆，懂得調適自己的心理狀態，以一種愉

Part 3　管理情緒，用高情商增加魅力

快的心態投入生活和工作中。當然，獲得心靈平靜的首要方法便是洗滌你的心靈，這一點是不可忽視的。

如果你想讓心靈減負，你必須盡力去清除困擾你心靈的情緒渣滓，不讓它們控制你的心靈。相信你以往也有過這樣的經驗，當你把所有煩惱的事情向你要好的朋友傾訴時，你曾感到心裡舒暢無比。

有一位心理學家曾在一艘開往檀香山的輪船上，做了一次心理改造實驗。他建議一些心煩氣躁的人到船尾去，設想已把所有煩惱的事情丟進海中，並且想像自己煩惱的事正淹沒在白浪滔滔的海裡。後來，有一位乘客告訴他說：「我照著你所建議的方法做後，我發覺我的心裡真是舒暢無比。我打算以後每天晚上都到船尾去，把我煩惱的事一件一件地往下丟，直到我不再有煩惱為止。」

這件事正好契合了一句話：過去的事情就讓它過去。

英國前首相大衛・勞合・喬治有一個習慣──隨手關上身後的門。

有一天，喬治和朋友在院子裡散步，他們每經過一扇門，喬治總是隨手把門關上。

「有必要把這些門都關上嗎？」朋友很是納悶。

「哦，當然有這個必要。」喬治微笑著對朋友說，「我這一生都在關我身後的門。你知道，這是必須做的事。當你關門時，也將過去的一切留在後面，不管是美好的成就，還是讓人懊惱的失誤，然後你才可以重新開始。」

從昨天的風雨裡走過來，人的身上難免沾染一些塵土和霉氣，心頭多少留下一些負面的情緒，這是不能完全抹掉的。但如果總是揹著沉重的情緒包袱，不斷地焦躁、憤懣、後悔，只會白白耗費眼前的大好時光，也就等於放棄了現在和未來。

要想成為一個快樂、成功的高情商者,最重要的一點就是記得隨手關上身後的門,學會將過去的不快通通忘記,重新開始,振作精神,不讓消極的情緒成為明天的包袱。

Part 3　管理情緒，用高情商增加魅力

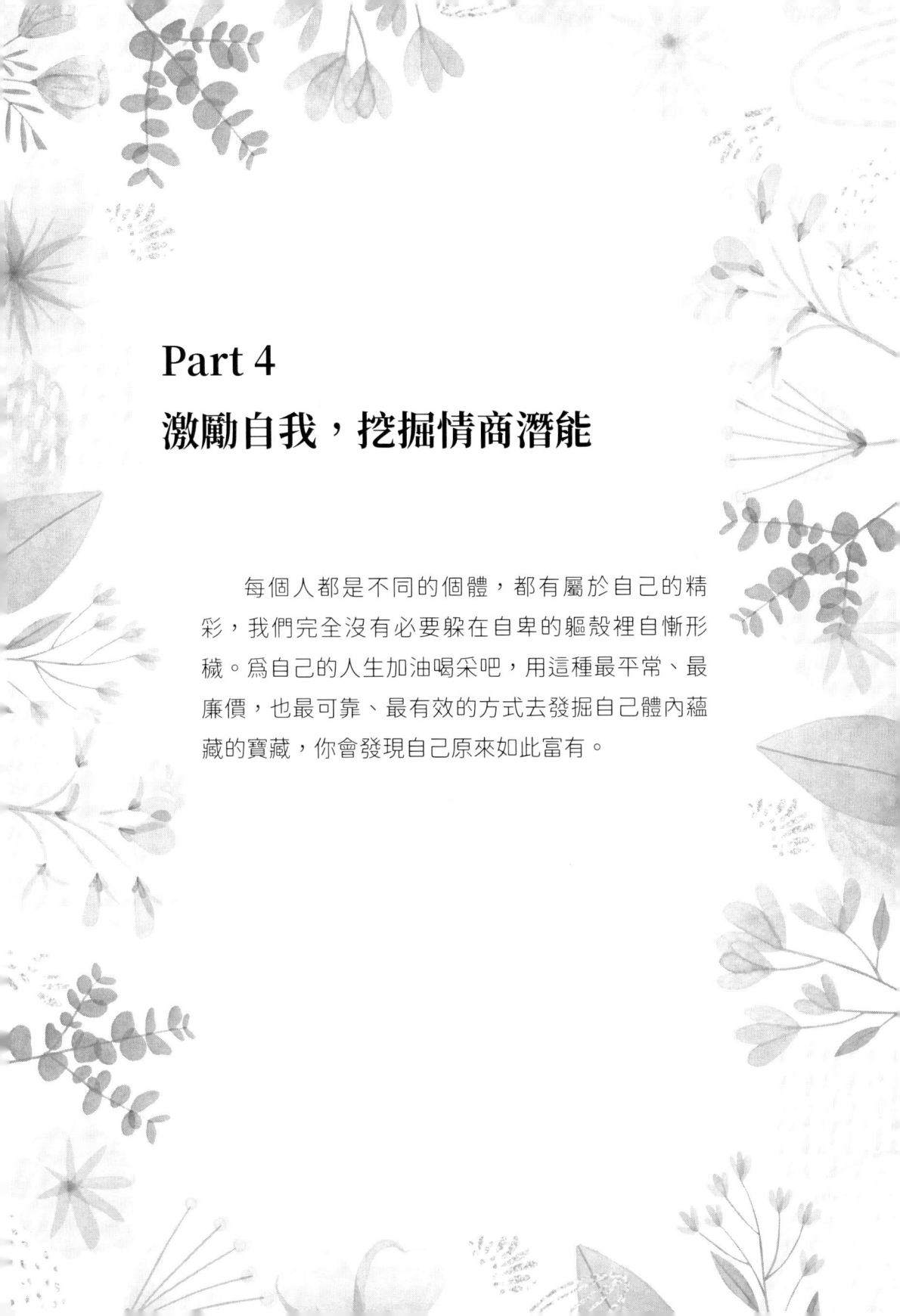

Part 4
激勵自我，挖掘情商潛能

　　每個人都是不同的個體，都有屬於自己的精彩，我們完全沒有必要躲在自卑的軀殼裡自慚形穢。爲自己的人生加油喝采吧，用這種最平常、最廉價，也最可靠、最有效的方式去發掘自己體內蘊藏的寶藏，你會發現自己原來如此富有。

Part 4　激勵自我，挖掘情商潛能

自身的潛力就是最大的寶藏

有一個人一夜之間暴富，於是他立刻買了一輛豪華轎車。他每天都會「開車」去附近又熱又髒的小鎮一趟，因為他希望看見每一個人，也希望別人都看見他。他總是「開著」車左彎右繞地穿過小鎮，去和每一個人說話。

但這並無損於他的身體和財富，原因很簡單，這輛大而美麗的轎車是由兩匹馬拉著的。

你可能會認為，是不是這個人的汽車引擎有問題？事實並非如此，汽車引擎沒有一點毛病，只是這個人不知道如何插進鑰匙去發動它。

是不是很可笑？如果你不積極開發自身的潛能，就會犯同樣的錯誤。

許多人都帶著從未演奏過的樂章走進墳墓，不幸的是，那些樂章往往是最美妙的旋律。其實，原本我們可以生活得更美好、更輕鬆，只是我們不知道善於利用自身的資源，結果無法享受那種愜意和愉快，即使是本應該享有的榮譽也黯淡了。

睜大眼睛吧，看看你身上還有哪些沒有被開發出來的潛力，然後利用起來，讓它們成為你實現人生目標的動力。

一百多年前，美國費城的 6 個高中生向他們仰慕已久的一位博學多才的牧師請求：「先生，您可以教我們讀書嗎？我們想上大學，可是我們沒錢。我們中學快畢業了，有一定的學識，您願意教教我們嗎？」

這位牧師名叫拉塞爾·赫爾曼·康維爾，他答應教這 6 個貧家子弟。同時他又暗自思忖：「一定還有許多年輕人沒錢上大學，他們想學習但付

不起學費。我應該為這樣的年輕人開辦一所大學。」

於是，他開始為籌建大學四處募捐。當時建一所大學大概要花費150萬美元。

康維爾四處奔走，在各地演講了5年，懇求其他大學為出身貧窮但有志於學習的年輕人捐錢。出乎他意料的是，5年的辛苦，籌募到的錢還不足1000美元。

康維爾深感悲傷，情緒低落。當他走向教堂準備下周的演說詞時，低頭沉思的他發現周圍的草枯黃得東倒西歪。他便問園丁：「為什麼這裡的草長得不如別的教堂周圍的草呢？」

園丁抬起頭來望著牧師回答說：「噢，我猜想您眼中覺得這地方的草長得不好，主要是您把這些草和別地方的草相比較的緣故。看來，我們常會看到別人美麗的草地，希望別人的草地是我們自己的，卻很少去整治自家的草地。」

園丁的一席話使康維爾恍然大悟。他跑進教堂開始撰寫演講稿。他在演講稿中指出：我們大家往往是讓時間在等待觀望中白白流逝，卻沒有努力工作使事情朝著我們希望的方向發展。

他在演講中講了一個農夫的故事：有個農夫擁有一塊土地，生活過得不錯。當他聽說別的地方地底下埋著鑽石，他只要有一顆鑽石就可以富得難以想像。農夫就把自己的地賣了，離家出走，四處尋找可以發現鑽石的地方。農夫走向遙遠的異國他鄉，然而卻從未能發現鑽石，最後，他囊空如洗。一天晚上，他在一個海灘自殺身亡。

真是無巧不成書！那個買下這個農夫土地的人在散步時，無意中發現了一塊異樣的石頭，他拾起來一看，它晶光閃閃，反射出光芒。他仔細檢

Part 4　激勵自我，挖掘情商潛能

視，發現這是一顆鑽石。就這樣，在農夫賣掉的這塊土地上，新主人發現了從未被人發現的最大的鑽石寶藏。

這個故事發人深省。康維爾寫道：財富不是僅憑奔走四方就能得到的，它是屬於依靠自己土地的人，屬於相信自己能力的人。

康維爾做了7年這個關於「鑽石寶藏」的演講。7年後，他籌得了800萬美元，這筆錢大大超出了他想興建一所學校的需求。

今天，這所學校坐落在賓州的費城，便是著名學府天普大學——它的建成只是因為一個人從樸素的故事裡得到了啟發。

這個故事告訴我們，生活的最大祕密在於，你身上就擁有鑽石寶藏——潛力和能力。你身上的這些鑽石足以使你的理想變成現實。你必須做的只是更好地開發你的「寶藏」，為實現自己的理想付出辛勞。

每天早上醒來，你錢包裡最豐厚的資產是24個小時——你生命中尚未製造的材料。每天早上醒來——每個人都有巨大的潛能，每個人都有自己獨特的個性和長處，每個人都可以透過內省發揮自己的優點，透過努力不懈去爭取成功。

人應該展望未來，真正認識自己擁有的一切。

我們對自己是有責任和義務的，本著對自己負責的態度，我們也應該重新認識自己。只要我們不懈地挖掘自己的鑽石寶藏，不懈地運用自己的潛能，我們就能夠做好自己想做的一切。

建立自信，克服自卑

　　自卑是一種性格上的缺陷，表現為對自己的能力、品行評價過低，同時還伴有一些特殊的情緒展現，諸如害羞、不安、內疚、憂鬱、失望等。

　　自卑是個人成長過程中的產物，是後來擠進性格之中的雜質，是伴隨人的需要不能滿足而生的寄生物。因此在人類眾多慾望和需求中，自卑並不占有一席之地。

　　而自信體驗的是人生光明、甘甜和美妙的一面，自信給予人的是生命的希望和對美好未來的憧憬。人類社會能從茹毛飲血時期發展到電子時代，從燧人氏的鑽木取火時期發展到今天的核能發電時代，就是憑藉自信的力量。沒有自信，人類將一事無成；沒有自信，個人將毫無價值。

　　自卑心理的產生是由於經常遭受失敗和挫折所造成的。一個人經常遭到失敗和挫折，其自信心就會日益減弱，自卑感就會日漸增強。自卑給人的心理、生活帶來很多不良的影響。

　　自信源於自尊，自尊是人的高階需求。人與動物的根本差異就在於，人能在自我意識的支配下，將人的低階需求向高階需求延伸。人沒有被自然本能所淹沒，就在於有自尊感，個人人格沒有完全消失而能獨立存在，就在於每一個人都期望自尊自重，並努力地去滿足於自己自尊自重的需求。

　　重拾自信是可以跨越自卑的，也是戰勝自卑的有力武器。因為自信不是對生命的失望、無助、無奈，以及對生命的傷感、悲憤和蒼涼，而是充滿著對生命的希望，展現著生命中主動、積極、明亮的旋律，是生命的亮

Part 4 激勵自我，挖掘情商潛能

點。因為自己輕視自己，所以別人才會輕視你。生命的價值在不同的環境裡就會有不同的意義，只要自己看重自己、自我珍惜，生命就有意義和價值。

在許多成功者身上，我們都可以看到超凡的自信心所造成的巨大作用。那些事業取得成功的人，在自信心的驅動下，勇於對自己提出更高的要求，並在失敗的時候能夠看到希望，最終獲得成功。

也許有人說：「我自卑，我做任何事都沒有信心，怎樣才能獲得信心呢？」

你可以試著從成功的回憶去建立成功的自我形象來獲得自信。當你懷疑自己的能力，並被自卑感所困擾的時候，你不妨從過去的成功經歷中汲取養分，來滋潤你的信心。

不要沉湎於對失敗經歷的回憶，要將失敗的意象從你腦海裡趕出去，因為那是一個不友好的來訪者。失敗不是人生主要的一面，它只是偶爾存在的消極面，是人心智不集中時開的小差。你應該多多關注自己的成功，仔細回憶成功過程的每一個環節，想想當初自己是怎樣成功的。

一連串的成功，貫穿起來就構成了一個成功者的形象。它會強烈地向你暗示，你原來是具有決策力和行動力的，你能夠導演成功的人生。正如英國的羅伯‧希里爾所說的：「對自己有信心，是所有其他信心當中最重要的部分，缺少了它，整個生命都會癱瘓。」為了不讓自己的生命癱瘓，現在就開始擺脫自卑、樹立自信吧！相信自己，你可以的！

自我激勵的神奇效果

在古希臘的神話裡有這樣一個故事。

生活在塞普勒斯的一個雕刻師，叫做比馬龍。他傾注畢生的心血，夜以繼日、廢寢忘食地工作，終於用象牙成功地雕刻了一尊愛神雕像。這尊雕像經過他的精心雕琢，顯得超凡脫俗、神韻兼備，於是比馬龍不禁愛上了這尊雕像，逐漸相思成疾、憔悴不堪，直到奄奄一息。

他一再懇求，請愛神賦予這尊雕像生命。愛神被他的痴迷所感動，終於同意了他的請求。他如願以償，和有了生命的雕像結了婚。

比馬龍的故事對後人的生活態度產生了深遠的影響。心理學家還從這個故事中引申出一個新的名詞——比馬龍效應。它體現的是一種暗示的力量，人心中怎麼想、怎麼相信就會如此實現，你期望什麼，你就會得到什麼，你得到的不是你想要的，而是你期待的。只要充滿自信地期待，只要真的相信事情會順利進行，事情就一定會順利進行。

讚美、信任和期待具有一種特殊的能量，它能改變人的行為，使人獲得一種積極向上的動力，並盡力達到自我的期待。所以，在自我塑造的過程中，每個人都是自己的比馬龍。而在自我塑造的心理動機上，自我期待發揮了關鍵的推動作用。情商理論認為：自我激勵的根源是自我期待。當一個人有所期待的時候，才會在實際中不斷激勵自己。而這種期待一旦消失了，自我激勵也就不復存在。想得到，便做得到。一個心存夢想的人，便是一個自我期待的人。

波耳從小就期待自己成為一個出色的物理學家，但是他從小就反應遲鈍。看電影時，他的思路老是跟不上電影情節的發展，他總是喋喋不休地

Part 4　激勵自我，挖掘情商潛能

向別人提問，弄得旁邊的觀眾對其厭惡至極。

在科學問題上他也是如此。一次，一位年輕的科學家介紹了量子力學的新觀點，大家都聽懂了，可是波耳卻沒有聽懂而不斷提出疑問，年輕的科學家只好重新向他解釋一遍。儘管如此，波耳並沒有降低對自己的期待，他總是不斷地激勵自己。他用勤學好問來彌補反應慢的缺點，對沒弄懂的問題、沒有理解的問題，他毫不掩飾，接二連三地提問，即便引起旁人的厭惡，他也毫不在乎。波耳說：「我不怕在年輕人面前暴露自己的愚蠢。」這位「愚蠢」的科學家，在1922年成為諾貝爾物理學獎的得主。

走進美國航太總署的人，會看到一根大圓柱上鐫刻著這樣的文字：「If you can dream it, you can do it.」這句話可翻譯為：如果你能夠夢想得到，你就一定能夠做得到。這就是自我期待的巨大力量，也是自我激勵的力量。比馬龍做到了，波耳做到了，所以你也一樣可以做到。

自我激勵是人生中一筆彌足珍貴的財富，在人生的前行中能產生無窮的動力。「當你感到自我激勵的力量推動你去翱翔時，你是不應該爬行的」。一旦你擁有了自我激勵的動力，你就在生命中插上了美麗的翅膀，就可以翱翔九天，就可以創造屬於你自己的輝煌人生。

學會欣賞自己

一個小男孩頭戴棒球帽，手拿球棒與棒球，全副武裝地走到自家後院。

「我是世上最偉大的擊球員。」他自信地說完，便把球扔到空中，然後用力揮棒，卻打空了。不過他毫不氣餒，把球從地上撿起來，又往空中一

扔，然後大喊：「我是世界上最厲害的擊球員！」他再次揮棒，結果仍然落空。小男孩愣住了，大概過了10分鐘的時間，他又仔細地對球棒與棒球進行了一番檢查，然後再一次把球扔向空中，這次他仍然告訴自己：「我是最傑出的擊球員。」可是第三次嘗試依然以失敗告終。

在這種情況下，誰忍心看到一個自信的孩子被一而再，再而三的失敗傷害後的面容？各位，不必這樣，你根本看不到你想像的那一幕。因為這個男孩子在第三次失敗後沉思了片刻，突然從地上高高跳起。「原來我是一流的投手」！他興奮地說。

小男孩勇於嘗試，不斷給自己打氣、加油，使自己信心十足，儘管他一次都沒有成功，但是他毫無失落感，更沒有一蹶不振。他不抱怨、不傷心，反而能從另一種角度來欣賞自己。

我們生活周遭有太多的人習慣自怨自艾、自我批判，他們常說的是「我身材矮小」，「我能力不夠」，「我總做不好事情」……而不會像那個打棒球的小男孩一樣，換個角度欣賞自己。倘若你總是在斤斤計較自己的平凡，總是在想方設法證明自己的失敗，這樣你就會每天為自己的想法找證據，結果就是你越來越覺得自己平凡、渺小，處處不如人。我們都是芸芸眾生中的一員，都是平凡的小人物，但我們也有比別人優秀的地方，大可不必自貶身價。

倘若一個人自己都無法欣賞自己、看不起自己，那麼，這個人還怎麼可能得到別人的欣賞呢？這樣的人何來自強、自信、自愛、自省呢？也許你曾埋怨自己沒有出身名門，也許你曾為命運的波折而苦惱，也許你曾為經歷的坎坷而嘆惋，可是，你有沒有真正正視過自己呢？

在生活的強者面前，出身不過是一種符號，它與成功毫無瓜葛，只有

弱者才會看得像泰山一樣重。命運本身就不是一碗放平的水，又豈能平靜無波？生命的激流倘若沒有頑石的阻擋，我們怎麼會看到美麗的浪花呢？

也許你想成為太陽，可惜你只是一顆星星；也許你想成為大樹，可惜你只是一株小草；也許你想成為大海，可惜你只是一條小河……於是，自卑便會籠罩著你，你總以為這是命運在捉弄你。其實，大可不必這樣自怨自艾，你的生活和你所欣賞的人的生活一樣，也有寒來暑往，也有悲歡離合，也有艱難困苦。做星星也照樣發熱發光，做小草也一樣裝點希望，平凡並不可悲，只要你做好自己，生活就會充滿陽光。

多數情況下，我們都只顧奔波，風塵滿面，步履匆匆，眼裡看到的總是別人的美好，卻忽視了對自己的欣賞。命運對任何人都是公平的，它不會給別人太多，也不會給你太少。多欣賞自己，你就會發現，原來自己與別人一樣有那麼多的優點，甚至有別人沒有的優點。自我的賞識與肯定會讓生活變得輕鬆而美好，會讓人生幸福而輝煌。

能站起來就是一種自信

一位父親很為他的孩子苦惱。他的兒子已經十五、六歲了，可是仍然很自卑，一點兒男子漢氣概都沒有。於是，父親去拜訪一位禪師，請他幫助自己的孩子。

禪師說：「你把孩子留在我這裡，三個月以後，我一定把他訓練成真正的男子漢。」父親同意了。

三個月後，父親來接孩子。禪師安排孩子和一個空手道教練進行一場

能站起來就是一種自信

比賽，以展示這三個月的訓練成果。

可是教練一出手，孩子便應聲倒地。他站起來繼續迎接挑戰，但馬上又被打倒，他又站起來……就這樣來來回回一共16次。禪師問父親：「你覺得你的孩子現在還自卑嗎？」

這位父親說：「我簡直羞愧死了！想不到我送他來這裡受訓三個月，看到的結果是他這麼不經打，被人一打就倒。」

禪師搖搖頭說：「你只看到了表面的勝負，卻沒有看到你兒子那種倒下去立刻又站起來的信心和勇氣，這才是真正的男子漢氣概啊！」

沒錯，想要拋開自卑，樹立自信，你首先要給自己站起來面對的勇氣。即使失敗了，你也不會失去自我。因為，在這個世界上你是獨一無二的，即使找遍整個地球，你也只有一個，世界上根本不存在和你完全一樣的人。每一個人都有自己存在的價值，你要做的是充滿快樂、充滿希望地去生活、工作，做真正的自己。正如馬爾茲所說：「你不優越，也不卑下，你就是你。」

一件事的成功，往往需要很多因素。事實上你只要具備其中的關鍵性因素，就可能獲得成功，比如你被打倒後還能勇敢地站起來，這就是你具備成功的能力；你在非關鍵因素上缺乏能力並不會影響成功，即使你因為能力不足被打倒，那也並不影響你成為別人心目中的一個勇敢的人。

人無完人，每個人都有自己不能做到的事，而人又是社會性的，總會有人對你的不擅長的事做出各種評價，甚至是詆毀。這時人往往會受到打擊，會由於對自己不擅長部份的不自信，而導致對自己能力的不自信，認為自己窩囊，什麼事情都做不好。這是一種可怕的「月暈效應」，如不建立起自信，就會陷入可怕的惡性循環，最終導致自己失敗。

Part 4　激勵自我，挖掘情商潛能

　　比如，你應徵市場行銷工作，你相信自己對市場有敏銳的觀察，但你缺乏這方面的工作經驗。於是，很多人在你面前或背後說你做不好這件事，一定會失敗，因為你沒有經驗。由於這些議論，你可能開始懷疑、畏縮，信心受到打擊，進而導致失敗。

　　但事實上，你一定要具備經驗嗎？不一定。你已經做好了執行工作的準備，雖然你沒有經驗，但你可以去學習，因此，你完全沒有必要自卑。即使這一次的嘗試失敗了，你仍然可以選擇其他的公司去嘗試，沒有必要在一開始就給自己下一個失敗的設想。即使摔倒了又怎樣？你還可以站起來，如果你害怕再次跌倒，連站起來的勇氣都沒有了，那麼你的人生才真的算是完了！

天助自助者

　　有一位常勝將軍，每次作戰他都胸有成竹，充滿自信。即使是再難打的仗，他都能帶領自己的士兵殺出一條血路，取得最後的勝利。原因就在於這位將軍有一枚能給他和他的士兵帶來好運的幸運金幣。

　　每次開戰前，將軍都會集合所有將士，在一座寺廟前面，告訴他們：「各位部將，我們今天就要出戰了，究竟打勝仗還是敗仗？我們請求神明幫我們做決定。我這裡有一枚金幣，把它丟到地下，如果正面朝上，表示神明指示此戰必定勝利；如果反面朝上，就表示這場戰爭將會失敗。」

　　每當聽到這番話，部將與士兵都會虔誠祈禱、磕頭禮拜，求神明指示，每次神明彷彿都能聽到他們的心聲。每回將軍將這枚金幣朝空中丟擲

後，金幣總能正面朝上。

於是士兵們立刻就會變得歡喜振奮，認為神明指示這場戰爭必定勝利。當開戰時，每個士兵士氣高昂，個個都信心十足，奮勇作戰，果真打了勝仗。

這枚幸運的金幣一直伴隨著常勝將軍打了很多年的勝仗，直到他不再做將軍。他的部將在他臨走時問：「將軍，您要走了，以後我們就再也沒有幸運金幣和神明的保佑了。」

這時，將軍從懷裡拿出那枚金幣給部將看，部將才發現原來金幣的兩面都是正面。

這個世界上並沒有什麼神明，但是如果我們相信自己，那麼我們就能成功，所謂的「天助自助者」正是這個道理。

成功學告訴人們，成功是有公式的：成功＝想法＋信心。自信，是在正確認識自己的前提下獲得的，勝利始於個人求勝的意志和信心。一個不能說服自己能夠做好事務的人，不會有自信心。相信自己會成功，鼓勵自己成功，做什麼事都會感到力量倍增，輕而易舉，甚至在無比艱難的情況下，也可以創造奇蹟。

18世紀末，探險航海之風席捲歐洲。幾年內，有一百多名德國青年先後加入橫渡大西洋的冒險行列，但這些青年均未生還。當時人們都認為，獨自橫渡大西洋幾乎是不可能的事。

在這種情況下，精神病學專家林德曼卻宣布，他將隻身橫渡大西洋。他是如何做出這樣的決定呢？在臨床醫學中，他發現許多精神病人都是在某種外界壓力下，自己喪失信心而導致精神崩潰的。為此，林德曼想親自試驗一下，觀察強化自信心對人的身體和心理會產生什麼樣的效果。

Part 4　激勵自我，挖掘情商潛能

　　林德曼獨舟出航了，十幾天後，在茫茫的海洋上，巨浪拍斷了桅桿，船艙進水。由於長時間的疲勞和睡眠不足，林德曼筋疲力盡，全身像撕裂一樣疼痛，身體也逐漸失去了知覺，他開始浮現生不如死的念頭。但林德曼沒有被擊垮，他憑著頑強的意志與大風大浪搏鬥。每當出現膽怯的念頭，他就對自己大聲喊道：「懦夫，你想死在大海裡嗎？不！你一定要成功，你一定能成功！」。

　　在航行的日日夜夜裡，他將「我一定能成功」這句話和自身融為一體。正當人們認為林德曼難以生還的時候，他卻奇蹟般地到達了大西洋的彼岸。人們都嘆服了，在他返回港口的時候，不計其數的人都相繼趕來歡迎他的歸來。

　　事後林德曼回憶說：「這麼多年，很多年輕人之所以失敗，不是由於船體被打翻，也不是生理功能到了極限，而是精神上的絕望。」他更加確信：人們透過自我鼓勵和強化自信心，完全可以戰勝肉體上不能戰勝的困難。

　　也許你沒有常勝將軍的幸運金幣，可是你可以成為那個常勝將軍，因為你知道無論金幣哪一面朝上，你都會用堅定的信心，儘自己的最大努力去獲取成功！

擁有自信才能發現自己的價值

　　有一個孤兒，生活無依無靠，他很迷惘和徬徨，只好四處流浪。一天，他走進一座寺廟，拜見那裡的高僧。

擁有自信才能發現自己的價值

孤兒說:「我什麼技術都沒有,該如何生活啊?」

高僧說:「那你為什麼不去找些事情做呢?」

「像我這樣的人能做什麼呢?」孤兒說。

高僧把他帶到後院一處雜草叢生的亂石旁,指著一塊陋石說:「你把它拿到村裡的集市上去賣,但是不管誰出多高的價錢都不要賣掉。」

孤兒依言抱著石頭疑惑地來到集市,在一個不起眼的地方蹲下來。可是,那是一塊陋石啊,根本沒有人把它放在眼裡。

第一天過去了;第二天過去了;到第三天時,開始有人來詢問;第四天,真的有人要買這塊石頭了;第五天,那塊石頭已經能賣到一個很好的價錢了。

孤兒去找高僧,高僧說:「你把石頭拿到石器交易市場上去賣,但還要記住,無論多少錢都不要賣。」

於是孤兒又把石頭拿到石器交易市場,三天後,漸漸有人圍過來問。接著,問價的人越來越多,石頭的價格已被炒得高出了石器的價格,而孤兒依然不賣。越是這樣人們的好奇心越強,石頭的價格還在不斷地抬高。

孤兒又去找高僧,高僧說:「這次你再把石頭拿到珠寶市場上去賣……」

同樣的狀況又出現了,這塊石頭甚至引起整個市場的騷動,石頭的價格不僅被炒得比珠寶的價格都要高,而且有一家古玩店的老闆甚至願意用自己的三家古玩店來跟孤兒做交易。

孤兒又去找高僧,高僧說:「世上人與物皆如此。如果你認定自己是一塊不起眼的陋石,那麼你可能永遠只是一塊陋石;如果你堅信自己是一塊無價的寶石,那麼你就是那塊寶石。」

Part 4　激勵自我，挖掘情商潛能

　　一塊不起眼的石頭，由於孤兒的堅信而提升了它的價值，其實人就像這塊石頭一樣。每個人都隱藏著自己的信心，但是高情商者更容易發揮自信心。高僧其實就是在挖掘孤兒情商中的自信潛力，一旦孤兒有了做寶石的信心，那麼他就能成為萬眾矚目的焦點。

　　生活中大部分的人之所以選擇像石頭一樣平庸地過完一生，是因為他們沒有信心去發現自己的價值。他們把自己擺在一個平凡的環境中廉價出賣，自然不可能賣到好價錢。不要總是推說自己資質有限，沒有能力勝任更高的職位或者取得更大的成就。單從能力和智力上而言，人與人的差距又有多大呢？

　　真正將人與人之間差距拉開的是情商。低情商者沒有自信將自己的能力發揮出來，害怕別人發現自己是一塊陋石，所以不敢把自己放到珠寶市場上去叫賣。其實每個人都曾經是一塊陋石，但是當一個人擁有自信時，陋石的內心便長成了璞玉，讓自己變得價值連城。

樂觀是獲得成功的基石

　　一定要讓自己樂觀起來，因為樂觀能給人充足的自信和使人必勝的力量。樂觀是一個有志於創造影響力的人最基本的心態，是獲得成功的基石。現實中的環境即便不能讓你滿意，如果你悲觀，現實卻還是如此，為何不讓自己輕鬆一些呢？

　　一個名叫英格萊特的人，在很多年前得了一場大病，當他康復以後，卻發現自己又得了腎臟病。他去找過好多個醫生，甚至去找神醫，但誰也

沒辦法治好他。

之後不久，他又患上了另外一種病，血壓也高了。他去看醫生，醫生說他已經沒救了，患這種病的人離死亡不會太遠，他建議英格萊特先生馬上開始料理後事。

英格萊特只好回到家裡，他弄清楚自己所有的保險全都已經繳完費了，然後向上帝懺悔自己以前所犯過的各種錯誤，之後坐下來默默沉思。

家裡人看到他那種痛苦的樣子，都感到非常難過，他自己更是深深地陷入頹喪的情緒裡。

就這樣，一週過去了，英格萊特先生對自己說：「你這個樣子簡直像個傻瓜。你在一年之內恐怕還不會死，那麼趁你現在還活著的時候，為何不快樂一些呢？」

他挺起胸膛，臉上開始綻放出微笑，試著讓自己表現出很輕鬆的樣子。開始的時候，他很不習慣，但是他一直強迫自己感到很快樂。他每天都會對著鏡子跟自己說：「笑一笑呀！」

接著他發現自己開始感覺好多了 —— 幾乎跟他裝出來的一樣好。這種好轉持續不斷。他原以為自己早已躺在墳墓裡，但現在他不僅很快樂，很健康，活得好好的，而且他的血壓也降下來了。

「有一件事我可以肯定：如果我一直想到會死、會垮掉的話，那位醫生的預言就會實現。可是，我給自己的身體一個自行恢復的機會，別的什麼都沒有用，除非我自己樂觀起來。」英格萊特先生自豪地說。

用不同的目光看同樣的事物，就會有不同的思想，是正面的還是負面的，這取決於個人的情商。有時候，個人的心態決定事情的結果，人們在做事情時，首先要樹立一個樂觀的心態，不能讓太多的陰霾矇住我們的心靈。

Part 4　激勵自我，挖掘情商潛能

　　沒有人喜歡面對困難和不幸，但情商高的人把它當作成長的機會。人們正是透過不斷克服和消滅困難來發現、選擇和創造美好東西的，也正是透過遭受苦難和做出艱苦的努力來攀登幸福的巔峰，所以不要為暫時看不見太陽而悲觀喪氣，丟掉了原本的好心情。

　　記住，快樂是天賦。如果，你正感覺自己在失去這種天賦，那麼你就需要拿出鏡子，對自己說：「笑一笑呀」！然後，保持你的微笑，耐心等待，總會有烏雲散盡的一天。

換個視角看問題

　　孩子回到家裡，向父母講述幼兒園裡發生的故事：「爸爸，您知道嗎？蘋果裡有一顆星星！」

　　「是嗎？」父親輕描淡寫地回答道。他想這不過是孩子的想像，或者老師又給孩子講了什麼童話故事。

　　「您是不是不相信？」孩子打開抽屜，拿出一把小刀，又從冰箱裡取出一個蘋果，「爸爸，我要讓您看看。」

　　「我知道蘋果裡面是什麼。」父親說。

　　「來，還是讓我切開給您看看吧。」孩子邊說邊切蘋果。

　　我們都知道，通常的切法應該是縱切。而孩子卻把蘋果橫放著，攔腰切下去。然後，他把切好的蘋果遞到父親面前：「爸爸您看，裡面有顆星星吧？」

換個視角看問題

　　的確，從橫切面上看，蘋果內果然有一個清晰的五角星狀。許多人一生不知吃過多少蘋果，總是規規矩矩地按「正確」的切法把它們一切兩半，卻從未想到蘋果裡面居然還藏著一顆星星。

　　這個孩子不是第一個從蘋果裡發現星星的人，不論是誰，第一次切錯蘋果，或出於好奇，或由於疏忽所致，都會發現的。而這深藏其中、不為人知的圖案竟具有如此巨大的魅力，這個祕密先是不知從什麼地方傳給孩子，接著便傳給父母，又傳給更多的人。而這也告訴我們：換個視角看問題，我們看到的世界將是不同的。這就是情商高的人會把看起來不怎麼令人愉快的事情變得愉快的原因，他們只是換了個角度而已。

　　如果生命只給了一個檸檬，悲觀者會怎麼想、怎麼做呢？悲觀者要是發現生命給他的只是一個檸檬，他就會自暴自棄地說：「我垮了，這就是命運，我連一點機會都沒有了。」然後他就開始詛咒這個世界，讓自己沉浸在自怨自艾當中。可是當樂觀者拿到一個檸檬的時候，他會說：「從這件不幸的事情中我可以學到什麼呢？我怎樣才能改善我的情況？怎樣才能把這個檸檬做成一杯檸檬水呢？」不信？那就請看下面的例子。

　　當一位快樂的農夫買下農場後發現，那塊地既不能種水果，也不能養豬，能養活的只有令人心驚膽顫的響尾蛇。但他想到了一個好主意，他要利用那些響尾蛇。他的做法使每一個人都很吃驚，他開始做響尾蛇肉罐頭，並開發以響尾蛇為主題的旅遊專案。每年來參觀響尾蛇農場的遊客差不多有兩萬人。為此人們把這個村子改名為「響尾蛇村」，就是為了紀念這位把有毒的「檸檬」做成了甜美「檸檬水」的先生。

　　故事中的農夫沒有被現實的困境帶到思維死胡同，而是走了一條不尋常的路。他把「檸檬」做成了「檸檬大餐」，自己獲利，也得到了他人的認

Part 4　激勵自我，挖掘情商潛能

可。上天關上了一扇門，又開啟了一扇窗。這扇窗就需要高情商的你用樂觀的角度去發現，去利用。

有一個巨人總是欺負村裡的孩子。一天，一個17歲的牧羊男孩來看望他的兄弟姐妹。他問他們：「為什麼你們不站起來和巨人作戰呢？」他的兄弟姐妹嚇壞了，回答說：「難道你沒看見他那麼高大，是很難被打倒的嗎？」

這個男孩卻說：「不，他不是太高大打不倒，而是因為他太高大逃不了。」後來，這個男孩根據巨人的特點，用一個投石器趕跑了巨人。

這個故事中的牧羊男孩沒有像其他人一樣，總是一味地肯定巨人的長處，而是找出巨人致命的薄弱環節。他不只看到了自己的矮小，力量微弱，更看到了自己的聰明和靈活。其實，很多時候並不是老天不公平，不讓我們在生活中有所作為，而是我們在許多時候只看到了別人的優點和自己的缺點，這種常常出現的雙重打擊，怎麼能夠讓我們成功呢？

來自哈佛大學的一個研究發現，一個人若得到一份工作，85%取決於他的態度，而只有15%取決於他的智力和所知道的事實與數字。

既然態度如此重要，那麼，為什麼不讓自己再積極一點呢？保持積極的態度、認真地投入、敬業地去做事情，不僅可以超越自我，發揮自己的潛能，而且還可以幫助我們跨越成功的障礙。在沒有別的絕對優勢時，比別人多投入一些，更積極一些，再耐心一些，你就可以創造出比別人更多的機會。

同樣一件事情，因為角度不同、態度不同，就會產生不同的認知，得到不同的結果。凡事多往好處想，可以少生煩惱和苦悶，獲得喜樂和平和。

在生活中，只要你換一個角度看問題，不斷地延伸自己、開拓未知的領域，肯定會發現一個不一樣的自己，因為每個人的心裡都住著一顆「星星」，而你，有責任找到它！

為人生列一張夢想清單

世界著名的探險家約翰·戈達德從小就是一個勇於夢想、勇於挑戰的人。在他 15 歲時，就已經給自己列好了一張生命清單，上面密密麻麻地列出了 127 個他希望達成的目標：

探險尼羅河；攀登珠穆朗瑪峰；研究蘇丹的原始部落；5 分鐘跑完 1 英哩；把《聖經》從頭到尾讀一遍；在海中潛水；用鋼琴彈《月光曲》；讀完《大英百科全書》；環遊世界一周……

約翰按照自己清單上的目標，一個一個地去完成自己的夢想，而且在他的一生當中從未間斷過。直到他 72 歲時，他已完成 127 個目標中的 105 個，這其中包括許多其他令人興奮的事。

當然，他的夢想並沒有停止：他還想訪問 141 個國家和地區，目前他只去過 113 個；他還有全程探險中國長江的打算；他甚至想到月球去訪問……

約翰的夢想清單上有一個個被完成的夢想，也有隨著自己的成長不斷追加的夢想。

夢想是一件美妙的東西，它能激發人們的潛能，是能引導我們走向成功的力量。日本有一句古諺叫「一念澈岩 —— 一念岩をも通す」，意思是只要有夢想，即使是又大又硬的岩石，也可以被人的心意貫穿。當人的夢

想在心靈深處發揮作用時，就可以把不可能變為可能。夢想可以憑藉心靈的作用，使事情的結局如己所願，運勢被開啟。這樣，自己的夢想就會成真。

當然，夢想並不是抽象的東西，也不是不可捉摸、虛無縹緲的東西。但除非你把夢想實現，否則它永遠是個夢。那些終生無目的地漂泊、心懷不滿的人，他們並沒有一個非常明確的目標，只有不切實際的夢想。沒有目標，就難以產生前進的動力，夢想就變得遙遠。

高情商的人懂得如何前進，他在中途建立許多小目標，對於距離自己最近的目標積極地付出努力，因為這些是可以在比較短的時間內實現的。他達到這個小目標的時候，覺得自己有了進步，便充滿了信心。稍微休息一下，便又提起勁來，衝向下一個目標……夢想是由目標的珠子串連起來的，當目標一個個被實現，夢想也就成真了。

所以，也許每個人都應該給自己列一張夢想清單，然後照著上面的目標，一點一點地去完成。因為，成功者都不是空洞的夢想者，他們首先都能勇於做夢，接著便付出艱辛的努力，填平每個目標和夢想之間的溝壑，進而到達理想的彼岸。

追逐夢想什麼時候都不晚

在美國的加州，有這樣一位老太太，她是美國年齡最大的一名飛行員──她就是薩迪·邦克夫人。她拿到職業飛行員執照的時候已經65歲，所以人們都稱她為「飛行祖母」。

追逐夢想什麼時候都不晚

她決定當一名職業飛行員時，遭到了所有人的反對，大家都認為這對一位年過花甲的老人來說，幾乎是一個不可能完成的任務。可是她並沒有因此而放棄自己的夢想，相反，她不停地學習、訓練，終於拿到了自己夢寐以求的職業飛行員執照。現在她開著自己的飛機四處旅行。她說：「依我所見，每個人都應該擁有一架飛機」。當她心情不好時，便驅車去機場，把飛機開到 10,000 英尺的高空，周圍的一切立即變了樣。她說：「當你在高空俯視大地時，萬物變得非常可愛，甚至連地面上的人也很不一樣」。

曾經有個女人對她的朋友說：「我想去學鋼琴。」

朋友說：「那就去學啊。」

「可是我馬上就 30 歲了。」女人說。

「親愛的，你不學也會馬上 30 歲。」朋友肯定地對她說。

是的，不管我們想要學習或者想要改變，我們都不應該給自己設限，更不應該給自己找藉口。如果「飛行祖母」在 65 歲時還可以學習開飛機，你為什麼不可以在 30 歲時才開始學鋼琴呢？

我們之所以會在成功的大門外止步不前，並不是因為我們的能力不夠或者時間有限，而是我們覺得自己不可能成功。我們在嘗試之前就給自己判了「死刑」，那麼也就只能眼睜睜地看著別人走進去，然後對著別人的成功空悲嘆。

一個高情商的人不管在什麼時候都不會輕易給自己設下人為的障礙，他們每一個人都像「飛行祖母」那樣對生活和未來充滿了自信。對他們而言，與其在那邊浪費時間計算得失成敗，還不如認認真真將精力投入到實現夢想的行動當中。因為他們明白，只要勇敢地邁出第一步，才可能離成功更加接近，才有讓夢想實現的可能。

Part 4　激勵自我，挖掘情商潛能

你的情商為什麼比別人低

如果一個人總是遭到拒絕，他就會在情感上受挫，進而造成非常大的心理困擾。倘若無法盡快從這種困擾中抽出身來，他往往會陷入沮喪和無助中，以至於產生悲觀失望的情緒，而這種無助的情緒還可能迅速地擴散到生活的各個領域，這就是「習得性無助」效應。

「習得性無助」是一種放棄的反應，由於失敗的次數太多，使得大腦產生「無論怎麼努力都無濟於事」的想法演變而來的放棄行為。

1975 年，心理學家賽里格曼用狗做實驗，驗證了這個效應。

賽里格曼把狗關在一個裝有蜂鳴器的籠子裡，每當蜂鳴器響起來時，賽里格曼就用不足以致命的電流電擊這條狗。剛開始時，這條狗根本無法忍受，被電得上竄下跳，只是，無論牠怎麼蹦跳，都無法躲避電擊，因此，每每電擊來臨，牠只有痛苦地抽搐。後來，賽里格曼在蜂鳴器響之前先把籠子的門打開了，並且在蜂鳴器響過之後也未立刻對狗施加電擊。然而，籠子裡的這條狗並沒有從開著的籠門走出來，更奇怪的是，它還在那裡等待痛苦的降臨，甚至不等電擊出現，就倒在地上痛苦地呻吟和顫抖。

賽里格曼解釋說，這條狗之所以會有這種表現，就是因為牠在實驗的初期形成了一種無助感。也就是說，一次次的掙扎後卻依然未能擺脫痛苦讓牠意識到，電擊是由外界所掌控的，自己無論做什麼都無法阻止電擊的到來。於是狗便產生了一種無助感，並且把這種無助感變成了自己的一種習慣行為。

現實生活中很多人的情商之所以很低，而且自己想改變卻於事無補，

絕大部分的原因應該歸咎於這種「習得性無助」。在追求成功或者試圖提高自己情商的道路上，他們屢戰屢敗。一次次的失敗後，他們就開始懷疑自己的能力，因此不敢再嘗試，曾經追求成功和改變的那股熱情也蕩然無存。因此，他們將自我追求的標準一再降低。在這種情況下，倘若原有的一切限制消失了，他們也不敢或者說是根本沒有意識再去嘗試挑戰新的高度，因為他們已經習慣於自我設定的成功高度了。

也就是說，「習得性無助」效應會令人們產生這樣一些心理現象：認知缺乏、改變動機下降、情緒不適應等。顯然這些現象的出現，阻礙了人們自我提升的欲望。

要阻止這種效應發生作用，其中最關鍵的一點就是必須破除自我設限的習慣。萬事萬物都在不斷變化，原來限制你成功的條件也會隨時發生變化，不知道什麼時候，那種條件限制就變成了一扇虛掩的門。而此時，突破那扇虛掩的門已經不是困難，困難的是我們需要突破自己固有的觀念，也就是我們長期形成的心理障礙。

1968年，奧林匹克運動會在墨西哥舉行，參加一百公尺競賽的美國選手吉姆‧海因斯第一個衝過終點線，當他看到運動場上的計時器打出9.95秒的數字後，他攤開雙手自言自語地說了一句話。海因斯的這個行為動作透過電視被很多人看到了，只是由於當時他的身邊沒有麥克風，所以，沒人知道海因斯到底說了什麼。

一位叫戴維‧帕爾的記者在重播奧運會的紀錄片時，又重新關注到海因斯那句自言自語的話，於是他去採訪海因斯。當被問及在墨西哥奧運會的一百公尺競賽奪冠後，看到計時器上記錄的數字後自言自語的那句話時，海因斯竟然記不起來了，他甚至否認自己當時說過話。直到戴維‧帕

爾把當時的錄影帶放給海因斯看，海因斯才說：「原來你是說這句話。難道你沒聽見嗎？我說的是：『上帝！那扇門原來沒有關。』」。

海因斯進一步解釋說：「自從歐文斯創造了 10.3 秒的成績之後，醫學界斷言人的肌肉細胞所能承受的運動極限不會超過每秒 10 公尺。當我看到計時器上顯示的 9.95 秒的數字後，我很驚訝，原來醫學界斷言的 10 秒極限只是一扇虛掩著的門，它並未關上。」

的確，很多時候我們面對的那些條件限制，其實都是一些自我設限，這些自我設限就是因「習得性無助」而產生的。人們一旦有了「習得性無助」感，就會產生一種對自己的才智、外表、創意、體力、技巧等方面的否定觀念，它的真正危險之處就在於會削弱人們獲得成功的期望值。

我們都知道，自信是成功的一半。一個人如果開始懷疑自己，那麼，其負面信念就會進一步強化，使得人在面對生活的挑戰時不是迎面而上，而是尋找種種藉口，這些藉口往往是十分消極的，它們會死命地拖住我們前進的腳步。

不管你修煉情商的目的是為了成功，還是為了讓自己生活得更快樂，如果你不希望重蹈覆轍，讓自己變得更加沮喪，那就請你不要自我設限，更不要半途而廢。

做一個自律的人

物理學中有一個現象：斜坡頂端的小球，往下滑時不費力，且越滑越快；反之，如果要使斜坡底端的小球往上走，則要費不少力氣。「上坡」

就是用積蓄的能量來換取高度；而「下坡」則是犧牲高度、釋放能量以換取暢快。

人生同樣遵循「下坡容易上坡難」的定律。比如，要讓孩子形成一種良好的習慣，父母要做很多努力，有時甚至一次又一次地監督和強制孩子，也完全無法發揮作用，而一種壞的行為習慣，不用教，孩子可能一下子就學會了。

人們常說的「由儉入奢易，由奢入儉難」，也是一樣的道理。

人要變好、要成功往往比較困難，但是，要變壞、要失敗卻是很容易的事情，心理學家把這個心理定律叫做「下坡容易定律」。

這種現象緣於人性中的本能、欲望的低階需求。

人類學家認為，人首先是自然的、動物性的人，然後才是社會性的人。

攻擊、破壞、放縱、自私是動物的本能。為了在嚴酷的生存環境中得以生存繁衍，動物必須以這些本能去適應環境。鬆散、貪心、懶惰、自私自利等壞行為，恰恰是受人的生存驅動力影響，是源於動物本能的低階需求，沒有意志力的克制，它們就會自發地表現出來。

守紀律、講信用、愛勞動、愛乾淨、勤奮進取等優良特質，屬於人的社會屬性，需要長期培養才能形成。在培養的過程中，個體需要對自身的動物性本能加以克制和約束。即使形成以後，只要人稍微放鬆警惕，那些源於動物天性的本能也非常容易將它們替代。

比如，我們用完東西一扔了事，既方便，又無約束，是出自於人的動物本性中的自私和散漫特性，而將東西整理得井然有序，無疑是與人類原始本能相違背的，需要人用意志力和控制力來做到。所以古人常說：「成人不自在，自在不成人。」

Part 4　激勵自我，挖掘情商潛能

當一個人透過不懈努力向上攀升的時候，當我們在艱難的環境中力求上進的時候，就是正在「上坡」。如果我們費半天勁、好不容易攀上了坡，而不用力站穩，阻止自己下滑，也會頃刻間「下坡」。換言之，取得成功和維持卓越都是需要我們付出努力的，而失敗則是自然而然的事情。如果一個人選擇縱容自己，也就等同於選擇毀滅自己。人往往傾向於做自己喜歡做的事情而不是做應該做的事情，所以很容易縱容自己。

那麼，縱容自己指的是什麼？

縱容自己的怠惰。有的怠惰出現在特定的條件下，這是可以理解的，例如長時間工作後所產生的無力、無心再工作的心理性怠惰，以及高壓力下所引起的反彈式怠惰，這是一種放鬆，一種自我治療。但是天生的怠惰則是我們必須克制的，這樣的怠惰會讓自身能力退化，同時給外敵有可乘之機。

縱容自己的弱點。弱點人人都有，有的是與生俱來的，無法矯正，比如個子矮；有的弱點卻是可以矯正，並且必須矯正的，比如好色、好賭等致命性的弱點。

縱容自己貪圖安逸。好逸惡勞是人的天性，然而我們必須明白「生於憂患，死於安樂」。

縱容自己的欲望。人的欲望是個無底洞，永遠不會有被填滿的那天。縱容自己的欲望，只會令自己的人生目標模糊，進而讓自己陷入沼澤之中。

縱容自己的情緒。放縱自己喜怒哀樂的情緒會影響別人的情緒，同時還會給人情緒化、不可靠的感覺，不利於良好人際關係的建立，也不利於個人事業的成功。

湯瑪斯・坎佩斯就曾說過：「掌握自己才能掌握一切。戰勝自己才是

最完美的勝利。」對此，艾德蒙‧希拉里深有體會，他正是憑藉著自己的意志力成為第一個征服聖母峰的人。

雪崩、脫水、失溫，以及高海拔的缺氧，還有生理和心理上的極度疲勞，在通往這座世界最高峰的路上障礙重重。在希拉里之前很多登山者都失敗了，然而，希拉里成功了。他說：「我真正征服的不是一座山，而是我自己。因為我可以很好地控制自己，所以我有機會把潛能發揮出來，並憑著它去改變自己的人生。」

事實上，那些高情商的人之所以能比別人更容易成功，就是因為他們永遠不會縱容自己，他們總是自律且自制的。他們先戰勝了自己，然後才征服了世界，所以，在社會中他們往往是勝利者。

反向調節法幫你擺脫困境

有一個人，年過半百，卻因為得罪了上級而被貶職，調到離家較遠的郊區工作。他每天要騎兩個小時的腳踏車才能到達工作的地方，天晴的時候還好，遇上颱風下雨的話情況就不妙了。一剛開始，他心裡覺得十分痛苦，抱怨世事不公，痛恨上級公報私仇。

後來有一天早上，他像往日一樣懊惱又痛苦地騎著腳踏車去上班，他扭頭往旁邊一看，看見旁邊的田園風光竟是那麼怡人。再吸一口空氣，竟然比城裡的空氣要清新很多，而且耳邊還有城裡聽不到的鳥鳴聲。頓時，他的心情好了起來。他想：「這樣也不錯，每天可以不用去健身房就能鍛鍊身體，而且工作的環境明顯比以前更好。再說，對方之所以把我調到這

Part 4　激勵自我，挖掘情商潛能

裡來，不就是為了讓我難受嗎？那我為什麼要讓他如願呢？為什麼不更加開心地工作和生活呢？」這樣一想，他心中的鬱悶頓時消散了，而往日的漫漫上班路也似乎變得近了很多，同時，他也不覺得上班單調了，又能精神抖擻地愉快工作了。

從心理逆境中走出來的他深有體會地說：「在逆境中，人們往往太過專注於自己的痛苦，而忽略了其他的積極心理狀態。如果你能正視現實，並積極地發現事情有利的一面，就可以成功地用正向心態替換掉負面體驗，使心理發生良性變化，讓痛苦變成愉快，進而從逆境中超脫出來。

其實，他用的就是心理學上的反向心理調節法，也稱為反向思維法，是對同一問題不同角度的看法，其關鍵是以「趨利性」為思維方向。換句話說，就是當你陷入困境或逆境時要往正面的方面去想，努力從不利的條件中找出令人信服的正向因素，進而調動起自己的正面心理去戰勝負面心理。

「前方是懸崖，希望在轉角。」當你感到痛苦時，換一種思考方式，讓自己去發現事情好的一面，這是你自己可以駕馭的。比如，在經濟危機中，你被解僱了，你可以選擇無止境地為明天的生計擔憂、為自己失去飯碗而抱怨，你也可以選擇因為自己有了重新選擇職業、重新開始自己的事業生涯的機會而高興。

在生活當中，逆境的出現是不可避免的，反向心理調節法正是適用於逆境中的一種心理調節法。當你把逆境看成上帝的恩賜，看到逆境帶給你的好處的時候，你就戰勝了逆境。

情商之所以能發揮出異乎尋常的功效，關鍵在於它對現實的動態適應。只有在現實衝突中，情商才能有所作為。想想你要到什麼時候才肯去嘗試新觀念、做出有創意的決定？當你覺得自己不這樣做就要被淘汰的時

候。要到什麼時候才能體會到為顧客服務的重要性？當所有顧客都不再光臨的時候。要到什麼時候才會明白認真工作的重要性？當面臨被炒魷魚的時候。因此，當你面對這些逆境的時候，你可以將它看成一次嘗試和創新的機會，一次對自己工作情況的自我檢討，一次自我改善和提升的機會。

在成功的時候，許多人都會大肆慶祝，卻很難從中有所收穫；而失敗和挫折雖然會讓人沮喪、挫敗、難過，但是能夠讓人從中吸取教訓，為獲取成功創造條件。

現實是殘酷的，現實正由於其殘酷而精彩、美麗。運用反向調節法你就會發現，那些讓你痛苦不堪、難以忍受的逆境，往往是你人生的轉捩點。

空杯心態有助更快成長

一個杯子裝滿水以後，就不能再盛更多的水了，想要繼續裝更多的水，唯有將杯子裡的水倒空。而空杯心態就是指要將心裡倒空，將曾經的輝煌、失敗在心態上徹底清空，然後用嶄新的自我去迎接嶄新的未來。

那麼，空杯心態能為我們帶來些什麼呢？

（1）指引我們找到職場的金鑰匙。「倒空」自己，輕裝上陣，才能展現出自己的使用價值。

（2）讓我們能夠正確認識自己和世界，並與阻礙自己發展的因素告別。

（3）激發生命的最大潛能。很多人都有這樣一個弱點：在成績面前容易自滿，容易得意忘形，自滿了、忘形了之後就不願意再辛苦地朝更高的

Part 4　激勵自我，挖掘情商潛能

地方邁進。而空杯心態則很好地解決了這個問題，它讓人時刻處於在山底仰望山頂的狀態，能逼迫自己去反思和成長、去創新和改造，最後激發出無限的生命潛能，創造生命奇蹟。

（4）讓我們成為傑出的創新者。空杯心態能讓我們更努力地工作，能讓我們擺脫舊有的所謂「定論」的約束，進而為創新行為提供良好的心理支持。

（5）提升事業和人生的境界。人生是一場盛宴，不止有一道好菜，忘掉你念念不忘的那道美味佳餚，才能享受更多的好菜，品嚐更多的美味。鬆開手，計較的東西越少，胸懷和視野越大，人生就會越廣闊。

（6）不斷超越，永創一流。要超越，要一流，就不能滿足於一時的成功，不能故步自封，要順應時代的需求，勇於挑戰自我，而這一切都以空杯心態為前提。

整體而言，要想獲得空杯心態我們可以透過以下三步驟來獲得：

第一，張開雙臂才能擁抱世界。

只有當我們把窗簾拉開的時候，陽光才能夠灑進屋內。首先讓我們來回答這樣一個問題，你認為下面三個人中，誰最有可能造福人類呢？

甲的情況：迷信，相信巫醫和占卜術；私生活不檢點，有兩個情婦；長年吸菸且嗜酒如命。

乙的情況：每日不到中午不起床；曾經兩次被趕出辦公室；大學時曾經吸食鴉片；習慣在晚上喝大量的酒。

丙的情況：曾是國家的戰鬥英雄；吃素，不吸菸，酒也很少碰；從未有過犯法違規的記錄。

相信大多數人的答案都是丙。那麼他們到底都是誰呢？答案是：甲是

富蘭克林‧羅斯福；乙是溫斯頓‧邱吉爾；丙是阿道夫‧希特勒。

「天啊！這怎麼可能，我竟然選了一個魔王來造福世界？」相信答案揭曉，你心裡一定有這樣的感嘆。

事實上，受片面資訊和定式思維的影響，我們往往會得出片面甚至錯誤的結論。然而，得出錯誤的結論並不可怕，最可怕的是固執己見地堅持錯誤。也許你會說：「哪有這種傻瓜，錯了還要堅持？」其實，當我們封閉自己的心靈和思維時，我們是很難意識到錯誤的，這樣就會出現傻瓜式行為——堅持錯誤。

那麼，我們應該採用什麼方法來達到開放心靈和思維的目的呢？

要保證心靈和思維的開放性，有三點是需要我們注意的：第一，不要先入為主地認定，跳出預設立場，客觀地看待事情；第二，牢記著名作家米蘭‧昆德拉的話，「生活是一棵長滿可能性的樹」；第三，當你腦中出現「肯定」、「絕對」等字眼的時候，想想有沒有完全相反的可能。

第二，大解脫才有大超越。

輕裝才有利於急行軍，那些妨礙我們發展的東西都應該丟棄。開放的心靈為空杯心態奠定了基礎，但還遠遠不夠，我們還要往前走，也就是放下。放下指的是，只要是約束和阻礙自己發展，使自己步履沉重的包袱都應義無反顧地拋棄，包括地位、金錢、面子、貪愛以及仇恨等。

放下往往伴有一定程度的艱難和痛苦，因為你必須要放棄的東西很可能是你最難以割捨的東西，比如，金錢、權力等。這要求我們具有寬容、豁達、勇敢等品質。對擁有一個強大內心的人而言，沒有什麼是放不下的。

南非黑人領袖、諾貝爾和平獎得主納爾遜‧曼德拉為了追求民族的平等，為黑人爭取應有的權利，被囚禁 27 年之久。在他出獄的當天，他說

Part 4　激勵自我，挖掘情商潛能

了一句讓人欽佩的話：「在我走出囚室、邁出監獄大門的那一刻，我就已經把悲痛與怨恨留在身後。」

「留在身後」就是一種放下。從此，不再因過往的痛苦而流淚，不再因曾受到不公平對待而怨恨，只是朝著自己夢想的方向前進。

常聽僧人口中唸叨著：「看破，放下」。看破是基礎，看破了自然就放下了。僧人的鞋子都有3個洞，這是他們為了時刻提醒自己要「看破」。證嚴法師曾說：「前腳走，後腳放。」真是再正確不過。人生苦短，一味地拖泥帶水，不願倒空自己、活在當下，就不可能有充足的精力和時間去做前方更有意義的事情，就不可能創造出更加美好的人生。

第三，「無相」是為了「妙有」。

鳳凰涅槃是為了重生，為了獲得更強大的生命。修禪的人都會經歷這樣一個過程──從「真空無相」到「真空妙有」。「無相」不是最終目的，而是為了「妙有」。就如同我們不是為了空杯而空杯，而是倒空自己以後，我們能使自己的生命更加輝煌，所以我們才「空杯」。「倒空」自己之後，更要「百尺竿頭，更進一步」。

每一天都是一個新的開始，過去的失敗不會讓今天的你退縮、怯懦，過去的成功也不會讓今天的你目空一切，要始終懷著希望、信念、學習的心態去工作、去生活。情商的修煉是對自我的超越，而將心態歸零是自我超越的前提。

重生的過程是艱難的，就如同鳳凰涅槃一般，但對於一個真正想要不斷超越自我、追求卓越的人來說，卻是最值得期待和努力的經歷！當歸零成為一種常態、一種延續、一種無時無刻不在做的事情時，人生的成功和全面超越也就唾手可得了。

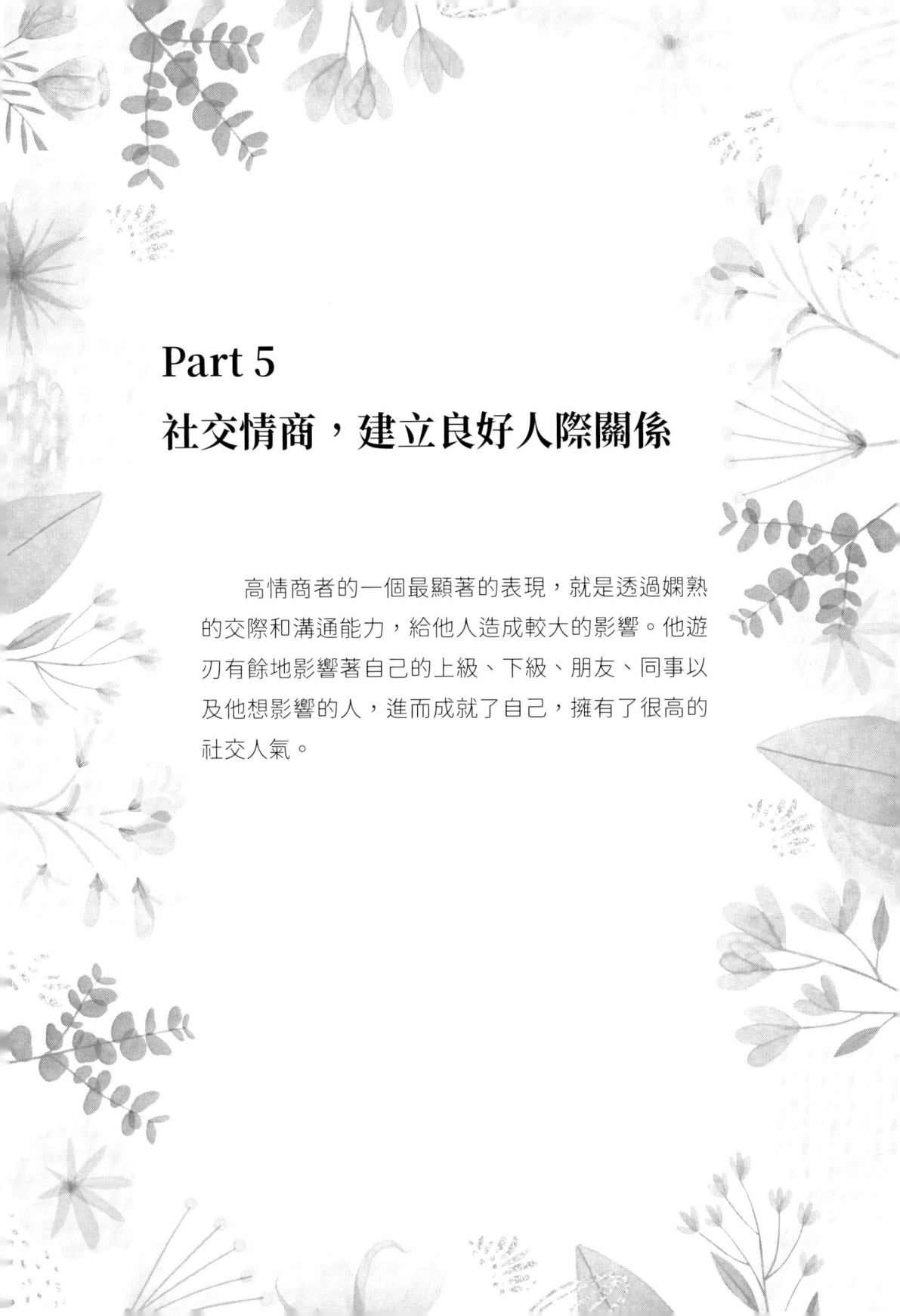

Part 5
社交情商,建立良好人際關係

高情商者的一個最顯著的表現,就是透過嫻熟的交際和溝通能力,給他人造成較大的影響。他遊刃有餘地影響著自己的上級、下級、朋友、同事以及他想影響的人,進而成就了自己,擁有了很高的社交人氣。

Part 5　社交情商，建立良好人際關係

人際交往是生活不可或缺的內容

任何一個人都無法在完全與人隔絕的情況下健康生活，換言之，人際交往對人來說就像空氣一樣不可缺少。

人出生後就開始了人際交往，個體在與家人、同伴的交往中，累積了社會經驗，學到了社會生活所必需的知識、技能、態度、倫理道德規範等，進而自立於社會，取得社會的認可，成為一個成熟的、社會化的人。脫離人類社會的個體，其身心會遭受嚴重的打擊，甚至難以發展成為真正意義上的人。

1920 年，印度發現了一個名叫卡瑪拉的狼孩。卡瑪拉出生後就脫離了人類社會，與狼一起生活，回到人間時她已 8 歲，她不會言語只會嚎叫，智力低下。雖經過科學家們的悉心照料和訓練，她仍未能實現人的社會化，直到狼孩 17 歲，到達生命盡頭之時，她都沒有學會人類語言，且她的智力水準僅相當於 4 歲的兒童。這充分說明了個體與周圍人之間的交往在人的健康發展方面的重要性。

人際交往不僅是人類生存的需求，同時也是個人發展的需求。一個人的精力、心力、能力和時間都是有限的，在成功的道路上，我們不可避免地需要他人的幫助。因此，要想成就事業就要善於溝通，建立和諧、良好的人際關係。

古語說：「勢單力薄聯絡諸侯。」也有經濟學者說：「實力未夠，就自己做車廂，掛人家的火車頭。」由此可見合作的重要性。

在現代社會，分工細化，競爭殘酷，單憑一個人的力量很難取得事業

上的成功，只有藉助眾人之力，才有可能創造輝煌的人生。

2003年2月，撒哈拉沙漠發生了一起15名歐洲遊客被綁架的事件，在經過6個月的歷險和恐懼後，其中14名遊客活了下來，只有德國女遊客米歇爾‧施皮策不幸遇難。

此次死亡之旅，與其他旅客及綁架者相處合作顯得極其重要。但是，米歇爾個性倔強，她拒絕合作，這使得她在這個群體中被孤立。她不相信任何人，常與其他被綁架的遊客發生衝突，而衝突的原因又都是一些雞毛蒜皮的小事。綁架者都是些極端分子，對於他們提出的要求，只有米歇爾不合作。她經常一個人躺在毛毯上唉聲嘆氣、自言自語。與旅伴的情感距離日益拉大，使得綁匪都對她不合作的舉動視而不見，也不予以懲罰。因為在他們看來，米歇爾在人質中是被孤立的，懲罰她也起不到殺一儆百的作用。

後來，米歇爾無聲無息地死了，撒哈拉沙漠裡這幫特殊的群體（包括綁匪）變得更加融洽，他們彼此相互照應，終於走出了沙漠。其中一個人說，他們之所以會這樣，是因為他們發現如果不能很好地相處和合作、同心同德，事態將會進一步惡化，這對每一個人都沒有好處。

其實，很多事的完成都離不開群體的力量，在通往成功的路上更是如此。抱著頑強的態度與執著的精神固然不錯，但個人的力量畢竟是有限的。擁有良好的人際關係，學會合作與雙贏，藉助群體的力量才能使人獲得成功。

一個人即使是天才，也不可能樣樣精通。要完成自己的事業，就必須善於利用別人的智力、能力和才幹。一個人開拓自己的事業時，總會遇到自己力所不能及的困難，這時，良好的人際關係就會助你一臂之力，為你掃清障礙。

Part 5　社交情商，建立良好人際關係

人際交往是生活中不可或缺的一環，良好的人際關係能夠給我們帶來快樂、幸福、滿足，是獲得身心健康的前提條件，還能夠幫助我們成功。因此，從此刻開始，不要再說「人際關係一點也不重要，我一個人也可以……」，不要再消極對待社交活動，而要以建立良好的、和諧的人際關係為目標，積極地投入到社交活動之中。

關心和欣賞他人

薩斯頓被公認是魔術師中的魔術師，他曾到世界各地進行演出，不斷挑戰，一再創造幻象，使大家吃驚連連。

但是這位偉大的魔術師從未受過正規的學校教育，很小的時候就離家出走，成為一名流浪者，搭貨車、睡穀堆、沿途乞討。一次，他坐在車中向外看著鐵道沿線上的標識，開始學習認字。

這樣一位曾經窮困潦倒、默默無聞的小人物，後來卻成了舉世聞名的魔術師，這比他的魔術更像是個奇蹟。有人請教薩斯頓先生成功的祕訣，問他的魔術知識是否懂得特別多。薩斯頓說，魔術類的書不計其數，而且許多魔術師跟他懂的一樣多，但他有兩樣東西是其他人沒有的。

首先，他能在舞臺上把他的情感個性顯現出來。他是一個表演大師，了解人類天性。他的所作所為，每一個手勢、每一個語氣、每一個眉毛上揚的動作，都在事先很仔細地演練過，而他的動作也配合得分秒不差。

其次，他對別人感興趣。許多魔術師會看著觀眾，對自己說：「坐在底下的那些人都是一群傻子、一群笨蛋，我可以把他們騙得團團轉。」但

關心和欣賞他人

薩斯頓完全不同。他每次一走上臺，就對自己說：「我很感激，因為這些人來看我表演，我要把我最高明的手法表演給他們看。」

對觀眾感興趣，這就是這位有史以來最著名的魔術師成功的祕訣。顯然，這位魔術師除了魔術技藝了得外，更是一位情商高手。他明白，如果只想在別人面前表現自己，使別人對他感興趣的話，他和觀眾之間永遠都只是一種服務的關係，而不會成為彼此欣賞的朋友。人們對一個魔術師的喜愛總是有限度的，但是朋友不會。

已故的奧地利著名心理學家亞德勒在一本叫做《人生對你的意識》的書中說道：「不對別人感興趣的人，他一生中的困難最多，對別人傷害也最大。所有人類的失敗都出於這種人。」薩斯頓正是明白了這個道理，才讓自己遠離了失敗，成就了精彩。

所以，如果你要交朋友，就要以高興、熱忱的情緒去迎合別人。當你接電話時，聲音要顯出你很高興他打電話給你。如果你希望別人喜歡你，就要抓住其中的訣竅：了解對方的興趣，針對他所喜歡的話題與他聊天。

許多曾經拜訪過羅斯福的人，都會驚訝於他的博學。不論你是個牛仔、政治家或外交官，他都能針對你的特長而談。其實這個道理很簡單，當羅斯福知道訪客的特殊興趣後，他會研讀這方面的資料並以此作為話題。羅斯福知道，抓住人心的最佳方法就是談論對方感興趣的事情。對一件事感興趣便是關注，帶有感情的關注便是關切。關切跟其他人際關係一樣，必須是誠摯的。關切是條雙向通道，它的施予者和接受者都會從中受益。

馬汀・金斯柏曾提到，在他 10 歲時，一位護理師給他的關切深深地影響了他的一生。「那天是感恩節，我在一家市立醫院，預計明天就要動

Part 5　社交情商，建立良好人際關係

一個大手術。我父親已經去世,我和媽媽住在一個小公寓裡,僅僅靠社會福利金維生。剛好那天媽媽不能來照顧我。

「我完全被寂寞、失望、恐懼的感覺所壓倒。我知道媽媽正在家裡為我擔心,而且是孤零零的一個人,沒人陪她吃飯,她甚至沒錢吃一頓感恩節晚餐。眼淚在我的眼眶裡打轉,我把頭埋進了枕頭下面,暗自哭泣,全身都因痛苦而顫抖著。

「一位年輕的實習護理師聽到我的哭聲,就走過來看看。她把枕頭從我的頭上拿開,拭去了我的眼淚。她跟我說她也非常寂寞,因為她今天無法跟家人在一起。她問我願不願和她共進晚餐。

「她拿了兩盤東西進來:有火雞肉片、馬鈴薯、草莓醬和冰淇淋甜點。她跟我聊天,並試著消除我的恐懼。雖然她本應下午 4 點就下班的,可是她一直陪我到晚上 11 點。她一直跟我聊天,等我睡著了才離開。

「我過了許多次感恩節,但這個感恩節我永遠不會忘記。我清楚地記得,我當時沮喪、恐懼、孤寂的感覺,突然因一個陌生人的溫情而全部消失。」

任何人都喜歡那些欣賞和關心他們的人,因為那個人讓他們覺得自己是重要的。一旦他們的這種心理得到了滿足,他們就會很自然地喜歡上那個讓他們心理得到滿足的人。每個人都希望別人對自己感興趣,所以,在與人相處時,你要盡量讓對方明白,他是個重要人物,這樣你很容易就能得到對方的青睞。

128

好人緣需要親密感

　　人從互不相識感到陌生，變得喜歡對方、和對方成為朋友，或者討厭對方、和對方敵對起來，真的是一個非常奇妙的過程。那麼到底是什麼因素在發揮作用呢？其實，因素是多方面的，但不可否認，距離是影響人際關係親疏的一個重要因素。

　　美國心理學家克思曾做過這樣一個實驗：

　　他讓一名男性同時和兩個女性說話，一名女性坐在離他 0.5 公尺的地方，另名女性坐在離他 2.4 公尺的地方。等談話結束後，調查這名男性對誰的好感多一點。

　　結果顯示，男性們普遍對坐在 0.5 公尺遠地方的那位女性更有好感。

　　這種距離感在語言策略上也同樣適用。心理學研究顯示，一個人的言行反映了其內心，言行、眼神等都在向別人傳達著某種訊息，讓別人讀出你是否友善，是否願意與人交談。沒有人願意接近一個表面顯得孤傲的人，因為沒有人願意自己被拒絕。

　　人們在人際交往和認知過程中，往往存在一種傾向，即對於自己認為較親近的對象，會更加樂於接近。我們都喜歡待在熟悉的環境裡，和熟悉的、和善的朋友交流。這不僅讓我們覺得沒有危險，而且這種氛圍更具感染力。

　　勞倫是位來自洛杉磯、經驗豐富的女商人。她有著時髦的行頭，她十分講究品味。因為想放慢生活節奏、得到更多的歸屬感，勞倫搬到西南部的一個小城鎮。她喜歡這個城市和這裡的居民，但是她感到自己在那裡並

Part 5　社交情商，建立良好人際關係

不受歡迎，人們覺得她是在裝腔作勢，讓人產生一種距離感。於是，勞倫開始改變自己的穿著和說話方式，她穿著很隨意的衣服，與當地人談論當地的事情，更多參加當地人的社交活動，試著讓自己看起來更加容易接近。慢慢地，她發現自己與新鄰居和新同事的關係都變得融洽了。

在現實生活裡，人們往往更喜歡把那些與自己志向相投、利益一致，或者同屬於某一團體、組織的人，視為「自己人」。人們在潛意識裡會把那些看起來較易接近的人當作是自己人，認為自己可以與之進行輕鬆的交談。在其他條件基本相同的情況下，「自己人」之間的交往效果往往會更為明顯，交往雙方之間的相互影響往往也會更大。因此，要想使自己的熱情能夠得到對方的正面評價，就應該在交往或服務過程中積極創造條件，努力製造共同點，進而使雙方都處於「自己人」的情境中，讓別人產生親近感。

心理學家認為，人緣好的人在言談當中有意或無意地利用了心理學上的「親和效應」，其中的關鍵點是：挖掘共同點，成為自己人。

在心理定式作用下，「自己人」之間的相互交往與認知必然在其深度、廣度、動機、效果上，都會超過與「非自己人」之間的交往與認知。建立這種「自己人」關係的首要一點，就是找出自己與周圍人的共同之處，它可以是血緣、姻緣、地緣、學緣、業緣關係，可以是志向、興趣、愛好、利益等共同之處，也可以是彼此共處於同一團體或同一組織。而這些共同之處則需要你用親切的語言去整合，進而形成親切的氣場，用親和力去建立彼此融洽的關係。

如何培養自己的幽默感

在一次南部非洲首腦會議上，曼德拉出席並領取了「卡馬勳章」。在接受勳章的時候，曼德拉發表了精彩的講演。在開場白中，他幽默地說：「這個講臺是為總統們設立的，我這位退休老人今天上臺講話，搶了總統的鏡頭，我們的總統姆貝基一定不高興。」話音剛落，笑聲四起。

笑聲過後，曼德拉開始正式發言。講到一半，他把講稿的順序弄亂了，不得不來回翻找查看。這本來是一件有些尷尬的事情，但他卻不以為意，一邊翻一邊脫口而出：「我把講稿的順序弄亂了，你們要原諒一個老人。不過，我知道在座的一位總統，在一次發言中也把講稿頁次弄亂了，而他卻不知道，照樣往下念。」這時，整個會場哄堂大笑。

結束講話前，他又說：「感謝你們把用一位波札那老人的名字（指波札那開國總統卡馬）命名的勳章授予我，我現在退休在家，如果哪一天沒有錢花了，我就把這個勳章拿到大街上去賣。我肯定在座的有一個人會出高價收購的，他就是我們的總統姆貝基。」這時，姆貝基情不自禁地笑出聲來，連連拍手鼓掌，會場裡掌聲一片。

這就是幽默的魅力，它拉近了演講者和聆聽者之間的心理距離，打消了一位偉人的神祕感，顯示出曼德拉高超的智慧和人際溝通能力。

為什麼八十歲高齡的曼德拉依然能夠保持身體健康、精神矍鑠、愛情長在？為什麼離開總統職位後，他依然能以和平大使的身分活躍在國際舞臺上呢？世間沒有青春的甘泉，也沒有不老的祕訣。曼德拉之所以擁有永遠的活力，是因為他在豐富的人生閱歷中，提煉出了大智慧；在苦難的折磨中，咀嚼出了大幽默。

Part 5 社交情商,建立良好人際關係

在會見拳王劉易斯的時候,曼德拉表示自己年輕的時候也是拳擊愛好者。於是,劉易斯故意指著自己的下巴讓他打,他笑著做出拳擊的姿勢。旁邊的人於是問他:「假如您年輕時與劉易斯在場上交鋒,您能取勝嗎?」他說:「我可不想年紀輕輕的就去送死。」

正是在這一連串毫不做作的幽默之中,曼德拉展現出了他耀眼的人格魅力。他的周圍,總是吸引了許多同事和戰友。

幽默是一種機智地處理複雜問題的應變能力,它往往比單純的說教、訓斥或嘲弄有效得多。一個幽默的人是一個情商高的人,他能夠給朋友帶來無限歡樂,並且在人際交往中增加魅力,因而備受歡迎。要想讓自己成為一個幽默的人,你需要掌握一定的方法。幽默的方法有很多,如誇張、諷刺、反話、雙關語等,都可以達到一定的幽默效果。下面是最常用的幾種方法。

自我解嘲法

以輕鬆愉快的心情主動開自己的玩笑,這是公認的最幽默,也是最難做到的方式,一旦做到了,表明你已經具備了幽默的最大特質。有人愛拿別人開涮,這跟自我解嘲所產生的效果大相逕庭。拿別人開涮只會引起對方的反感,也會被旁觀者看輕,而自我解嘲則不同,它會讓周圍所有的人認為你和藹可親,幽默又有風度。它能夠拉近自己和別人之間的距離。懂得自嘲技巧的人,可以不留痕跡地表達他的謙虛,讓別人不由自主地卸去了身上的武裝,於是,他就很容易和別人打成一片。

誇大不實法

孩子:「媽媽!我剛剛在路上看到好幾百條狗!」

媽媽不耐煩:「瞎說,跟你講過幾千遍了,說話別那麼誇張!」

「煩死了」、「忙死了」、「笑死了」、「氣死了」,有人每天都會「死」上好幾遍。它所代表的不是真實的現象,但是卻能表現出情緒的「力道」。所謂誇大,就是讓你痛快,惹你發笑。

「誇大不實」的幽默方式會讓人變得豁達,不再斤斤計較,進而可以有效地訓練自己細微的觀察力,找到生活中值得發現的問題。

戲言迴避法

戈巴契夫在54歲時就任蘇聯中央總書記,當時,全世界的人都很關注他,都想看看這個年輕的國家領導人將會把蘇聯帶向何方。

在戈巴契夫召開的記者招待會上,一位美國記者問他:「戈巴契夫閣下,我們都知道您是一位思想激進的領導人,可是,您決定內閣名單的時候,會不會先和上頭的重量級靠山商量呢?」戈巴契夫一聽,故意板起臉來答道:「喂!記者先生,請你注意,在這種場合,請不要提起我的夫人。」

在溝通遇到障礙時,「戲言」這樣一種表達方法可以擾亂對方的思維邏輯,讓別人因為這個突兀的表達而糊塗,或出現判斷錯誤,這時自己就可以藉機從容脫身,或是轉移話題的焦點,進而化解尷尬和壓力。

尖酸刻薄法

運用尖酸刻薄法時,首先要提高社交敏感度,細緻察覺對方是否具有「抗毒」體質,萬一對方經不起你的「毒素」攻擊,那就麻煩了。確定自己能損人,但損後又能將其捧起,這就是「施毒」與「解毒」。

在這裡還要提醒大家,「尖酸刻薄」的真義是:尖而不戳破,酸而不

苦澀，刻而不留痕，薄而不危人。無論怎樣幽默消遣，也應給人留有臺階，心存厚道。倘若你只能放而沒有能力收，奉勸你還是多加修煉，以免傷人害己。

學會了尖酸刻薄的幽默技巧，有助於提升自己的情緒及社交敏感度，個人的組織能力與應變能力也會隨之加強。懂得此技巧，朋友間會因為互攻長短而增進情誼，合夥人更會因此培養出特殊的合作默契。

想修煉成為風趣達人，就從現在開始培養自己的幽默感吧。但要注意的是，開玩笑時應善意逗樂，促進彼此的感情交流，而不是惡意取笑，占對方的便宜。開玩笑必須分清善惡，分辨場合，掌握分寸。幽默的總原則是不能馬虎，不同問題要不同對待，在處理問題時要極具靈活性，做到幽默而不落俗套，使幽默能夠為人類精神生活提供真正的養料。

幽默的談吐代表著人們開朗樂觀的個性，是一個人聰明才智的代表，它要求人有較高的文化素養。僅僅懂得了幽默方法還不足以表明富於幽默，就像有了毛筆卻不一定能成為書法家一樣，關鍵在於如何運用。

有人把事業成功比作攀登高山，在征途中，一個人的幽默可以使他如虎添翼。正如一位名人所說的那樣：「一般具有幽默感的人都擁有出類拔萃的人格，能自在地感受到自己的力量，獨自應付任何困苦的窘境。」擁有幽默感的人能夠輕鬆地接受來自外界的任何干擾，幽默的心境能不斷地把沉重的失落感宣洩出去，逐步使這些不如意成為過眼雲煙，使得生活於現代社會中的人過得輕鬆而自在、愉悅而舒心，事業有成也就指日可待。

幽默具有無窮的力量，它可以改變僵硬、刻板的個人形象，改善人際關係，能夠使人從平庸中超脫。幽默的人能夠在人際交往中釋放自身的魅力，能夠給周圍人帶來笑聲，進而消除人與人之間的隔閡，使自身與周圍的人和事融合在一種親密無間的氛圍中，因而備受大家的歡迎。

掌握給予時的最佳方式

一個漆黑的夜晚,一位僧人看見巷子深處有盞小燈籠在晃動,身旁的人說:「瞎子過來了。」

僧人百思不得其解,問那個迎面走來的盲人:「既然您什麼也看不見,為何提一盞燈籠呢?」

盲人說:「在黑夜裡,滿世界的人都看不見,所以我就點燃了一盞燈。」

僧人若有所悟:「原來您是為別人照明呀!」

盲人卻說:「不,也是為我自己。雖然我是盲人,但我提了這盞燈籠,既為別人照亮了路,也讓別人看到了我,這樣他們就不會在黑暗中撞到我了。」

其實道理就這麼簡單:給予了別人,自己同樣有所獲得。只想「借光」而不提燈,那麼,你的人生將永遠在黑暗中穿行。

如果你需要快樂,就給予別人快樂;如果你需要愛,請學會付出愛;如果你需要別人的關注和欣賞,就先學會對別人關注和欣賞;如果你想物質上富有,先幫助別人富有起來。事實上,想得到自己想要的最簡易的方法,是讓別人得到他們所要的。

這一原則同樣適用於社會、國家、公司和個人。如果你想擁有生命中一切美好的東西,那就先祝福每個人都如意吧。

有給予的意識也是一種給予,意識是像思想一樣鮮活的能量和訊息,思想具有轉化的力量。生命是意識的永恆之舞,它在宏觀世界和微觀世界之間、人世和宇宙之間、人類思想和宇宙之間,不停地交換生機勃勃的智

Part 5　社交情商，建立良好人際關係

慧能量，並由此表現自己。當你學著付出你所追求的東西時，同時也在促成編排一齣優雅生動、活力十足的舞蹈，它構成了永恆的生命的律動。

當然，一個高情商的人除了懂得給予之外，更明白給予的方式比給予本身還要重要。儘管都是給予，但是給予的結果會有很大的差別。要真正地做到授人以漁，不僅需要掌握「漁」的方法，還必須掌握「授人以漁」的方法。

一個衣衫襤褸的孩子，餓得昏倒在路邊，冰涼的雪花落在他枯黃的頭髮上，他快要被凍死了。這時，一個慈祥的老人經過，手裡拎著一條鮮活的鯉魚，那是他剛從河裡撈上來的。老人看到了這個倒在路邊的孩子，說：「真是個可憐的孩子。」

於是他把自己的衣服脫下，衣服的覆蓋再加上老人殘留在衣服上的餘溫讓孩子甦醒了。這時，路邊已經圍了很多的好心人，大家都在為這個孩子擔心。孩子醒來後，眾人都爭搶著要帶孩子回家，給他一些吃的東西，都被老人擋住了。孩子的眼神中透露出明顯的不快，看得出來他的確是餓極了，急需要食物來充飢。

眾人以為老人是想好人做到底，帶孩子回家，把他好不容易打上來的魚煮給孩子吃。在這樣寒冷的季節，窮人家沒什麼吃的東西，只是勉強填飽肚子罷了，想到孩子可以喝到鮮美的魚湯補身子，眾人也就不再堅持。但老人的做法卻讓眾人大吃一驚！他不僅拿開了孩子身上的衣服，而且還拽著他向寒風刺骨的河邊走去。孩子很不情願，垂頭喪氣的任憑老人把他拉向河邊，心底就像走向地獄一樣恐懼，可是又不敢多說什麼。

眾人不理解這個怪老頭的做法，但又不知有什麼內情，所以不便多說，也就各自散去。一袋煙的功夫之後，老人帶著孩子回來了，孩子的小手中拎著兩條活蹦亂跳的鯉魚，臉上興奮得像是得了一件價值連城的寶物

似的。的確，他是得到了一件價值連城的寶物，靠著這個「寶物」他就不會再餓得昏倒在路邊，就算在大雪紛飛的冬日也能填飽自己的肚子了。因為老人教會了他在冰中釣魚的方法。之後這一老一少坐在火爐邊，享受著鮮美的魚湯。

後來，這個孩子成了一個有經驗的漁夫，過上了平靜富足的生活。

這個故事告訴我們的就是「授人以魚，不如授之以漁」的道理。

給予之前要弄清對方真正需要的是什麼，如果給予的方式不適合對方，不僅幫助不了對方，可能還會帶來很多原本可以避免的悲劇。如果故事中的老人只是同情這個孩子，拿自己打來的魚施捨給他，說不定一個小乞丐就這樣「誕生」了。

明智的給予會讓人銘記一生，也受益終生，而盲目的給予雖然可以暫時得到他人的感激，但也可能造成負面的影響。

高情商者總是能洞察到他人真正的需求，並採取最合適的給予方式，讓對方得到最大的收益。即使這種給予的方式對方可能一時無法理解，甚至出現排斥的心理，但是施予者絕不可因此而改變自己的做法。

名字值千金

鋼鐵大王安德魯·卡內基是一個非常擅長運用「名字戰術」來獲取好感和利益的高情商者。

「名字戰術」來自於卡內基小時候的一個小發現——人們普遍對自己

的名字看得特別重。在卡內基小的時候，他曾經抓到了一窩小兔子，可是他並沒有足夠的食物來養活這些可愛的小傢伙，最後他想出了一個好辦法。他告訴附近的小夥伴們，要是誰能找到足夠的苜蓿養活小兔子的話，他就用誰的名字給其中一隻小兔子命名。事實證明這一策略十分有效。長大以後，卡內基又在商業談判中靈活運用這一技巧，贏得了很多重要的合作夥伴和最大限度的利益。

卡內基想成立一家鋼鐵公司，他把銷售目標主要鎖定在賓夕法尼亞鐵路公司的身上。可是這家大公司早就已經有了固定的供貨管道，並且卡內基的新公司看起來很明顯在哪個方面都沒有足夠的競爭力。面對這種情況，卡內基便想起自己的名字戰術來了。他打聽到賓夕法尼亞鐵路公司的董事長叫湯姆森，於是把自己新成立的鋼鐵公司命名為「湯姆森鋼鐵工廠」，接下來他就帶著檔案資料來到了賓夕法尼亞鐵路公司。

當湯姆森先生聽到這個銷售鐵軌的公司名稱的時候，他所有的疑惑和猶豫全都因為這家公司與自己同名而消失得無影無蹤了。就這樣，這次談判卡內基很輕鬆地就取得了勝利。

正當卡內基的公司迅速發展起來的時候，他所從事的臥車生意與喬治・普爾曼的公司產生了一些衝突，並且兩個公司開始了惡性競爭。為了改變這種狀況，卡內基決定和喬治・普爾曼進行一次談判，他想把兩個公司合併成一家公司。

卡內基說：「我們之間這種不正當的競爭行為已經極大地損害到了各自的利益，這種行為就相當於是在自殺。那麼您來想一下，假如我們可以合併，不僅能夠避免這種自相殘殺的局面，而且還會壟斷這一行業，把買方市場變為賣方市場，您認為怎麼樣呢？」

名字值千金

　　普爾曼本來並沒有打算要這樣做，但多年來在商業場上累積的經驗使他變得老謀深算。他不動聲色地隨口問了一句：「那麼這個新公司叫什麼名字呢？」卡內基就是在等這句話呢，於是他脫口而出：「普爾曼皇宮臥車公司。」這一招是卡內基早就已經想好的，同時也是他在談判中慣用的最後殺手鐧。果然不出所料，普爾曼的眼睛一亮，然後他便開始與卡內基認真地討論起兩家公司合作的具體細節來。卡內基又一次取得了成功。

　　既然每個人都非常重視自己的名字，卡內基就特意使用對方的名字給新公司取名，這對於滿足對方的虛榮心來說，確實是一個很有效的妙招。一旦對方的虛榮心得到了滿足，就會對卡內基產生好感和敬意，很自然地就會對雙方之間的合作感興趣了。請你仔細考慮一下，卡內基只是對新公司的命名上面做出了一些讓步，除此以外難道他還付出了其他的代價嗎？並沒有。他不花分文就將一件原本需要花很多錢才能做到的事辦成了，這全是因為他掌握了對方的心理需求而得到的結果。

　　人的心理需求有一些共性，那就是渴望得到他人尊重的需求、滿足自身虛榮心的需求、獲得成就感的需求。

　　人們總是不惜以任何代價使自己的名字永垂不朽。即使是盛氣凌人、脾氣暴躁的R.T.巴南，也曾因為沒有子嗣繼承巴南這個姓氏而感到失望，他願意給他的外孫C.H.西禮2.5萬美元，如果外孫願意叫「巴南·西禮」的話；幾個世紀以來，很多貴族和企業家們都資助著藝術家、音樂家和作家，以求他們的作品能夠獻給自己；圖書館和博物館最有價值的收藏品，都來自於那些一心一意擔心他們的名字會從歷史上消失的人：紐約公共圖書館擁有亞斯都氏和李諸克斯氏的藏書，大都會博物館儲存了班吉明·亞特曼和J.P.摩根的名字；幾乎每一座教堂都裝上了彩色玻璃窗，以紀念捐贈者的名字。

所以，可以看出一個人的名字對自己來說有多麼重要，每一個名字裡都包含著奇蹟，名字是完全屬於我們自己的，沒有什麼能夠取代。名字能使人出眾，它能使得人在大眾中顯得獨立。因此，如果你想要別人喜歡你，請記住這條規則──「一個人的名字，對他來說，是任何語言中最甜蜜、最重要的聲音」。

高情商者是這樣回答問題的

在社交過程當中，人與人之間的溝通由兩方面組成：問和答。想要探知對方心理時你要問得巧，不想被別人的問題困擾時你還要答得妙，只有這樣你才能無論在什麼時候都能應對自如，立於不敗之地。看看高情商者是如何運用下面的這些答題技巧來讓自己從難題中脫身的吧。

答非所問

答非所問是辯論中的一種迴避戰術。在某些情況下，對於對方提出的問題，自己基於某種原因不能不答，但又不便做出直截了當的回答時，可採用答非所問的方式。避實就虛，以非實質性的話題閃開對方的鋒芒，表面上好像做了概括回答，事實上已經悄悄地繞過了原本棘手的問題。

一次，作曲家布拉姆斯參加一位年輕鋼琴家舉辦的演奏會。年輕鋼琴家為席勒的詩《鍾之歌》譜了一首曲子之後，特地舉辦了這場演奏會。

布拉姆斯在演奏會上表現得非常專注，看到布拉姆斯那副極為陶醉的模樣，那個年輕的鋼琴家雀躍萬分，演奏會結束後，他便喜滋滋地詢問布

拉姆斯：「閣下很喜歡這首曲子嗎？」

布拉姆斯笑著說：「這首《鍾之歌》果然是一首不朽的詩。」他這個回答顯然是答非所問，巧妙迴避了鋼琴家的問題，委婉而禮貌地表達了自己的真實想法：對於這首不朽的詩他很欣賞，然而卻不認為鋼琴家譜的曲子水準有多高。

無效回答

無效回答就是指用一些沒有實際意義的話去做非實質性的回答。它還包含有效性無效回答和純無效回答兩種。有效性無效回答，從表面上看並沒有直接回答問題，但實際上卻包含弦外之音，需要對方去領悟；純無效回答則是無法從回答者的答話中找到任何答案，多半是因為回答者不好回答或不願回答。

一個負責大學招生的工作人員到一個城市去招生。一位考生找到這位負責招生的工作人員，問道：「聽說我的名字已經登記在貴校的招生名冊，請問我能被錄取嗎？」

工作人員笑了笑說：「你的名字確實記在招生名冊上了，至於能不能錄取，請你去看報紙上我校錄取新生的名單吧！」

這位工作人員雖然回答了那個考生提出的問題，但考生卻無法從答話中找出「能錄取」或「不能錄取」的答案，要想得到答案，只有到報紙上刊登的錄取新生名單中去找了。

間接回答

所謂間接回答，就是指回答者針對某些尖銳問題的詰問，用巧妙的語言進行模糊回答。

Part 5　社交情商，建立良好人際關係

一次，邱吉爾去美國訪問，一位反對他的美國女議員對他說：「假如我是你妻子，我就會在你的咖啡裡下毒！」

邱吉爾微笑著說：「假如我是你丈夫，我就會把那杯咖啡喝下。」邱吉爾用這種揶揄的口吻，間接地回擊了女議員，這比直接回答更有力度，結果令女議員很難堪。

以退為進

所謂以退為進，就是指在對答中，答者承認問者的話，然後予以適當回擊。

甲：「你長得這麼漂亮，怎麼還沒有找到對象呀？」

乙：「是的，因為我挑得比你仔細。」

胖子：「一看到你，就知道世界正在鬧饑荒。」

瘦子：「一看到你，就知道世界鬧饑荒的原因了。」

在這兩段對話中，因為問話的人出言咄咄逼人、語氣尖酸又無顧忌，所以答話的人採取了先認可，後回擊的方式。這就是以退為進。

避難就易

宋徽宗寫得一手好字，他常問大臣：「我的字怎麼樣？」大臣們紛紛奉承道：「您的字好，天下第一。」

一天，宋徽宗問米芾：「米愛卿，依你看，咱倆的字相比，誰更勝一籌？」米芾是書法大家，他的書法水準當然勝過宋徽宗，倘若說皇帝第一，則必然要委屈自己；倘若誇耀自己第一，則必然得罪皇帝，這還真是個難題。但聰明的米芾靈機一動，說：「臣以為在皇帝中，您的字天下第一；在大臣中，臣的字天下第一。」宋徽宗聽後心領神會，打心底佩服米

帶的機智。

對於那些不好從正面回答的難題,就不要正面硬碰硬了,知「難」而避,從比較容易突破的方面作答,這是避難就易法的精髓,也是拒絕辭令中簡單而機智的一種。

「圍魏救趙」

所謂「圍魏救趙」,就是指不受對方提問的牽制,不跟在後面去作答,而是採取攻勢,提出令對方頭痛的問題,使其陷入自顧不暇的窘境,進而不得不放棄原來的提問。

外交談判中就有很多這樣的問答。

甲方:「我想知道對於××問題,貴國將採取哪種措施?」

乙方:「請閣下相信,對於這個問題,我們最終會得到圓滿的解決。而我擔心的是,如果貴國的反政府運動繼續發展下去,貴國政府是否仍有維持現行統治的能力?」

乙方把甲方提出的問題暫時擱置,另提出一個最令甲方頭痛的問題,使其陷入不易回答的困境。如此一來,甲方提問所造成的攻勢便自行瓦解,乙方也就無須對原來的問題做出任何答覆了。

誘導否定

所謂誘導否定,就是指對方提出問題後,不馬上回答,而是先講一點理由,提出一些條件或反問一個問題,誘使對方自我否定,自動放棄原來提出的問題。

1972年5月27日凌晨,美蘇關於限制戰略武器的四個協定剛剛簽署,季辛吉就在莫斯科的一家旅館裡,向隨行的美國記者團介紹情況。一位記

Part 5　社交情商，建立良好人際關係

者問：「美國有多少潛艇導彈配置分導式多彈頭？有多少『民兵』導彈配置分導式多彈頭？」

季辛吉答道：「我不確定正在配置分導式多彈頭的『民兵』導彈有多少。至於潛艇數目我倒是知道，但我不知道是不是需要保密的。」

一個記者急忙說：「不是保密的。」

季辛吉立即反問道：「不是保密的嗎？那您說是多少呢？」

季辛吉使用的就是誘導的方法，誘使提問人陷入自我否定的窘境，進而為自己解除了難題。

以虛擊實

這種戰術，不僅能有效地避其鋒芒，而且能有效地擊「實」，即先退後進，以退為進，反戈一擊，成功地實現完全否定對方論點的目的。

一位記者問剛果總統莫布杜說：「聽說您非常富有。據聞您的財產已經達到 30 億美元？」表面上看來，這一提問好像是對他家庭情況的一般性提問，事實上卻有很深的用意，這個問題完全是針對莫布杜本人是否廉潔而來的。於是，這個提問就成了一個非常敏感的政治問題，回答起來也相當困難，倘若矢口否認，別人必然不會相信；倘若和盤說出，顯然也不妥當。莫布杜聽完後，笑了笑說：「一位比利時議員說我有 60 億美元，您聽到了吧？」

這裡，莫布杜並未就他是否擁有 30 億美元一事直接做出正面回答，而是列舉了一個更大，大到顯然是誇張了的數字，以嘲諷的口吻反問記者，由此及彼對記者的提問給予了間接而又堅決的否定。

回答的技巧數不勝數，這裡列舉的只是一些典型的例子。日常生活中還有很多回答的技巧，只要你注意觀察，學會隨機應變，巧妙地回答會幫你化解尷尬，會使你個人的社交魅力大大增加。

「投其所好」也是門學問

在與人交往的過程中,如果討論的話題是自己不感興趣的,相信你會覺得很無聊,希望趕快結束,當然也就不可能對對方產生多麼好的印象。因此,為了留給他人一個好印象,使彼此能夠進一步加深交往,那麼在談話中,你就要善於體察對方的情緒,進而找到對方感興趣的話題來交流。

那麼,我們具體應該怎樣做呢?

對於一個高情商的人而言,與一個不是很熟悉的人交往,他首先會從一些無關緊要的話題開始,然後找到彼此間的共同語言。

你可以從一些不會有什麼意義但是可以讓大家互相之間開始交談的話題開始,比如最常見的就是談論天氣、周圍的環境,簡單地詢問一下對方的情況這些話題,讓他和你互動起來,在你們之間找到你們的共同語言,方便進一步的交流。透過這樣的談話,你還可以了解到對方的喜好,也讓別人更加了解自己。

找到了彼此間的共同語言,也就相當於使對方的話匣子開啟了一半,而另一半就需要透過一些技巧來開啟了。比較常用的是透過一些隨意的、看似不經心的問題來尋找對方的興趣點。

基比有一次在公司節日聚會上和維多利亞相遇。他們站在吧檯前等著點酒,維多利亞說起了餐廳裡面的藝術品,並開始徵求基比的意見。她告訴他自己的看法,接下來還問了他的個人興趣。基比覺得和維多利亞談話很舒服,就開始了解她的更多情況——她有什麼特別的愛好或者藝術的喜好。維多利亞解釋說,她實際上是個畫家,每週都在工作室度過。基比

Part 5　社交情商，建立良好人際關係

感覺這很有意思，問維多利亞從事什麼方面的藝術工作，態度認不認真。她解釋道，儘管她不是依靠這個來賺錢的，但是她還是賣過幾件作品，最近甚至還辦過一個展覽。

維多利亞先向基比了解情況，並自然地告訴他自己的情況，顯得自信而有魅力，並且把自己的優點也漸漸展現出來了：藝術方面造詣較高。

基比還發現，在他們談論藝術的時候，維多利亞並沒有打斷他的談話去談自己的藝術才華，這也是一個優點！所以，談話結束後，基比認為維多利亞有很多值得欣賞的地方，他很想進一步了解她。

透過自然而隨意的小問題，維多利亞找到了對方感興趣的話題，並且在談話的過程中，用自身的涵養給對方留下了好印象。然而，如果維多利亞沒有找到對方感興趣的話題，恐怕彼此間的交流就不會這樣順利了。

找出對方引以為榮和喜歡的事物，尋找對方感興趣的話題，拉近彼此的距離，能夠讓你輕鬆地獲得別人的好感，還能夠造成「愛屋及烏」的效應，會讓你的收穫大大超出你的預期。

華特爾先生是紐約市一家大銀行的員工，最近他奉命寫一篇有關某公司的調查報告。他知道該公司董事長擁有他非常需要的資料。於是，華特爾去見這個董事長，當他被引進辦公室時，一個年輕的婦人從門邊探頭出來，告訴董事長，她今天沒有什麼郵票可以給他。

「我在為我那個12歲的兒子蒐集郵票。」董事長對華特爾解釋。

華特爾說明他的來意，開始提出問題，董事長的說法含糊、概括、模稜兩可。很顯然，這次見面沒有實際效果。華特爾先生突然想起了董事長感興趣的郵票，他同時想到，他們銀行的外事部會從來自世界各地的信件上取下一些郵票。

第二天早上,華特爾再去找董事長,他說:「我有一些郵票要送給您的孩子,不知道他是否喜歡。」

「噢,當然。」董事長滿臉帶著笑意,語氣很客氣。

「我的喬治肯定會喜歡這些的。」他不停地說,一面撫弄著那些郵票,「瞧這張,它真是漂亮極了。」

他們花了一個小時談論郵票,然後又花了一個多小時,華特爾獲得了他所有想知道的全部資料——華特爾甚至都沒提議那麼做。董事長把他所知道的全都告訴了華特爾,甚至傳喚他的下屬,補充一些事實和數字材料。

在生活中我們常常可以看到這樣的事情,即使是一個平常沉默寡言的人,一旦談到他感興趣的話題也會滔滔不絕。為了增強你的談話能力,擴大你的興趣範圍,平日裡可以多關注一些資訊,多參加一些活動,使自己在大家談話的時候都可以參與進去。長期堅持下去,你就能看到令自己滿意的結果,當你和陌生人聊天的時候就能找到聊天的話題,大家也會願意和你說話。

用微笑照亮他人

尼爾森是一位優秀的飛行員,在參加西班牙內戰打擊法西斯的一次戰鬥中,他不幸被俘入獄。

在獄中,尼爾森學會了抽菸。有一次,他摸出一根香菸,但是沒有找到火柴。沒辦法,尼爾森鼓足勇氣向獄卒借火。獄卒氣沖沖地打量他一

Part 5　社交情商，建立良好人際關係

眼，冷漠地拿出火柴。

當看獄卒過來幫尼爾森點火時，兩人的目光無意中接觸了。尼爾森下意識地衝著獄卒微笑了一下。尼爾森也不知道自己為何要對他微笑，也許是顯示友好和感謝吧。

然而，就在這一剎那，這抹微笑打破了兩人心靈之間的隔閡。像受到了微笑的感染，獄卒的臉上也露出了一抹不易覺察的微笑。

他點完火後並沒有立刻離開牢房，他和善地看著尼爾森，眼神也少了當初的凶氣。尼爾森也以微笑回應，彷彿他是個朋友。

「你有小孩嗎？」獄卒先開口問。

「有，你看。」尼爾森拿出皮夾，手忙腳亂地翻出了全家福照片。

獄卒也掏出照片，並且開始講述他與家人的故事。此時，尼爾森的眼中充滿淚水，說他害怕再也見不到家人，怕沒有機會看到孩子長大……

獄卒聽了以後也流下了兩行熱淚，突然，他打開牢門，悄悄帶尼爾森從後面的小路逃離監獄。他示意尼爾森盡快離去，之後便轉身走了，不曾留下一句話。

若干年後，尼爾森回憶說，如果不是那個微笑，他不知自己能不能活著離開監獄。一個不經意的微笑竟然救了他一命。

從心底發出的微笑，能傳達許多情緒訊息，它似乎在對人說：我喜歡你，我是你的朋友，也請你喜歡我。微笑具有很強的情緒感染力，這是一個非常主動的訊號，比應別人情緒要求而做出的反應要有力得多。微笑還傳達了這樣一個訊息：你是一位能接受我的微笑的人。所以，真誠的微笑如春風化雨，潤人心扉，也為彼此的溝通開啟了一扇門。

心理學家認為，如果你對他人微笑，對方也會回報以友好的笑臉，但

在這回應式的微笑背後有一層更深的意義，那便是對方想用微笑告訴你，你讓他體會到了幸福。由於我們的微笑使對方感覺到自己是一個值得他人表示好感的人，進而有一種被肯定的幸福感，所以他也會快樂地對你微笑，這便是微笑那麼容易感染人的原因。

密西根大學心理學教授米柯納的研究顯示，面帶笑容的人比起緊繃臉孔的人，在經營、推銷以及教育方面更容易取得成效。笑臉比緊繃的面孔，藏有更豐富的情緒，因而更有感染力，更有可能讓人在人際互動中占據主動地位。

既然微笑有這麼大的魅力，為何還有許多人一直都繃著一張臉，不輕易給人展示笑容呢？主要的原因是，他們想抑制自己內心的真實感情。他們從小便接受這樣的觀念：「向他人洩漏自己的真實情感，是一種不成熟、幼稚的表現，是一件讓人感到羞恥與尷尬的事情。」

因此，許多人努力把自己的情感深深地隱藏起來，不讓人洞悉自己的內心世界，久而久之，他的面部肌肉僵硬，就變成了一個不會快樂微笑的人，一個對任何人都擺著一副撲克臉，不受歡迎的人。

如果，你是這樣一個人，你的生活一定沒有多少快樂可言。想要改變這種狀況，你需要先從練習微笑開始。

每天清晨洗臉的時候，站在鏡子前面練習微笑，它可以讓身體進入放鬆的狀態，而放鬆的生理狀態與緊張的情緒狀態是不相容的。因此，當你綻開笑容，愉快的情緒會隨之而來。美國著名的心理學家威廉‧詹姆士曾說過：「動作與感情是並行的，動作可以由意志直接控制，可是感情卻不行，必須先調整動作，才能夠間接地調整感情。我們是因為跑而害怕，笑而愉快的……」

Part 5　社交情商，建立良好人際關係

微笑的人給人的印象是熱情、富有同情心和善解人意的，所有的人都希望別人用微笑去面對自己。冷漠會阻礙心靈的溝通和思想的交流，但微笑卻可以幫我們扭轉氣氛，傳遞一種友善的訊號，這種訊號正是良好溝通的開始。你的笑容就是你高情商的信使，你的笑容能照亮所有看到它的人，所以，請別再那麼吝嗇微笑了。

主動認錯更能贏得尊重

通常，人們會認為承認自己的錯誤是一件非常丟面子的事情，實際上並非如此。認錯也是一門學問，用適當的語言技巧去迎合對方心理，就能輕而易舉地達到四兩撥千斤的效果。假如你知道別人將要批評你，那麼在他開口之前，不妨先主動地自我批評一番。這樣的話，十之八九他會採取一種寬容的心態，並可以原諒你的錯誤。戴爾‧卡內基的一段經歷就很好地說明了這一點。

卡內基的家接近紐約市的中心地帶，不遠處是中央公園，卡內基經常會帶著他的小哈巴狗去那兒散步。因為在公園中很少遇到什麼人，所以卡內基沒給他的狗戴上嘴套，也沒給牠拴上皮帶。

一天，卡內基在散步的時候碰到一位騎警。這位騎警沒好氣地說：「你不給這條狗拴上皮帶，也不給牠戴嘴套，還讓牠在這裡到處亂跑，你是什麼意思？難道你不知道這樣做違法了嗎？」「不，我知道。但我想牠在這裡不至於做出什麼壞事來。」卡耐基解釋道。

「你覺得牠不會？法律可不關心你到底是怎麼想的！這條狗有可能會

主動認錯更能贏得尊重

咬死松鼠、咬傷小孩子。這次我不跟你計較了,但如果下次再讓我見到你的狗不拴皮帶、不戴嘴套的話,你只能自己去跟法官講清楚了。」

後來在散步的時候,卡內基果真就完全按照那位騎警的交代去做。但又有一次,卡內基沒給狗戴嘴套,偏巧再次碰見了那位騎警。

當騎警叫住他的時候,他忽然靈機一動,與其讓別人訓斥,還不如自己訓斥自己!他趕緊說:「警官先生,這次您又當場逮到了我。我錯了,我錯了!這次我沒有託詞,沒有藉口了。上個星期您已經警告過我,如果我把狗帶出來時要是再不給牠戴上嘴套,您就處罰我。」

本來那位警官是要訓斥卡內基的,好讓他意識到自己做錯了,可是還沒等警官開口,卡內基就自己主動認錯了。現在警官還能說什麼呢?結果警官和氣地說:「哦,我理解,在四周沒有人的時候讓這條狗在這裡散步……」,「是的,確實是非常愜意的事情,但是這樣畢竟違法了。」卡內基卻依然對自己不依不饒。

「啊,這樣一條小狗是不會傷到人的。」

「不,不,但它可能會咬死小松鼠。」

「好了,好了,我認為你有些過於認真了。我來告訴你應該怎麼做吧,你讓牠跑到山那邊去,這樣我就看不見牠了,然後,我會忘了這件事。」

真是令人難以置信,一個威嚴的警察居然能說出這麼「富有人情味」的話來,但這話又的確是警察所說的。試想一下,卡內基在碰到警察時,如果不先主動承認錯誤,而是試圖為自己的行為辯解的話,又會是怎樣的結果呢?

毫無疑問,能主動認錯的人是高情商的人。因為能夠把「自我」收放自如,當錯誤產生時不會為了面子去爭一時之氣,所以才能夠意識到自己

的錯誤，並主動承認。而這樣做的結果是讓別人的自我得到了滿足和認可，那麼就會非常容易被原諒。

而且對於高情商者而言，承認錯誤並不是很丟面子的事。遇到生活中的小事，低頭認錯會被他人諒解，倘若出現了學術上的錯誤，勇於認錯更會得到人們的尊敬，尤其那些大人物在公共場合公開承認自己的錯誤更是如此。

比如貴為天子的漢武帝劉徹，就曾經向天下頒布《罪己詔》，對自己一生所犯的過錯進行總結，並向因此而導致生活和生存受到影響的眾人道歉。歷史上對此事有很高的評價，儘管他已經犯下了錯誤。

小到一個平民百姓，大到一個國家、一個君王，只要做錯了，就應該承認錯誤，這不僅是一種勇氣，更是一種處世智慧。一個認錯態度良好的人，可以得到對方的諒解以及周圍人的尊重；一個認錯態度良好的國家，可以得到被傷害國家的諒解以及所有國家的尊重。高情商者敢於面對自己的錯誤，而且懂得即使低下高昂的頭顱，自己並不會損失什麼，相反還會使自己的形象在眾人心中有所改觀，贏得別人的歡迎。

讚美的話說對了才有效

有一位老師要求他的學生對自己的家人說一句讚美的話，然後將家人聽到這句話後的反應回報給老師。第二天，有一位同學見到老師時掏出十美元，興奮地對他說：「老師，我成功了！」

老師問他事情的經過，他說：「晚餐的時候我對我的媽媽說，『謝謝您

為我準備的晚餐，這是我到現在為止吃過最好吃的炸雞！』我媽媽聽後居然淚流滿面，然後激動地跑出餐廳。回來時她開心地抱著我，並悄悄地在我口袋裡放了十美元！」

老師聽後告訴他：「如果你以後也能不斷地用真誠的語言去讚美別人，你得到的好處將遠遠超過這些！」

老師接著說：「當然，我還得補充一點，真誠的讚美應該是不求回報的。你讚美別人的話必須有理有據；如果你在別人背後不說他的好話，也絕不能拿到對方跟前來說，否則讚美便成了獻媚，獻媚的結果與讚美是截然相反的！」

的確，適當的讚美，只要不過度，總能取悅人心。人人愛聽讚美話，你對人說讚美話時，對方必定非常高興，進而對你產生好感。傲慢的人最愛聽讚美話，他們最喜歡接受你的讚美。有些人義正詞嚴，宣告自己就不愛聽讚美話，相反倒是最喜歡接受批評，其實這只不過是他們的場面話罷了。這個時候，如果你信以為真，毫不客氣地直言批評，他心裡一定非常不快，儘管也許表面上他沒有什麼表示，但內心卻已不悅到了極點，這個時候，就不要渴求人家還會對你增加好感了。

誠然，每個人都渴望得到別人的讚美。但是，我們不能忘記，人們更期盼的是坦誠相見、真情以待，更希望與謙虛、誠實的人交往。那麼，如何準確地掌握讚美，使讚美恰如其分而又不失度呢？這就需要你注意以下幾點：

注意交際的對象

交往中，要注意交際對象的年齡、文化、職業、性格、愛好、特徵等，讚美對方時要因人而異、掌握分寸，如果是新交，則更要小心謹慎。

比如，你對一個為自己身材過於肥胖而愁眉不展的女孩說：「你的身材真的很好！」對方一定會認為你是在取笑她而大為不快。但如果是一個身材姣好的女孩，你說出同樣的這句話，就可以使對方對你的好感和信任增加。

注意把握時機

說話的時機往往很重要，恰到好處的善言會令你達到意想不到的效果。尤其是讚美，應當契合當時的氣氛、條件。你一旦發現了對方有值得讚美的地方，就一定要及時大膽地讚美，別錯過了時機。不合時宜的讚美，無異於南轅北轍，結果往往事與願違，甚至還會產生一定的副作用。另外，還應該注意一點：當朋友發現自己的某種不足而正準備改正時，你卻對著朋友的這種不足大加讚賞，這絕不會令你的朋友滿意。「朋友有勸善規過之誼」的古訓，在現代交際中也仍然適用。

不要在眾人面前只稱讚其中一人

比如，兩個外形同樣出眾的女性朋友同時出現在你面前，如果你只對其中一個說「你今天真漂亮」之類的話，那麼，受到讚美的一方自然高興，可是沒被讚美的一位就會有被冷落、被忽略的感覺。

再比如，如果經理在公司的一次會議上，特別指出「這項工作能夠如期完成，多虧了邁克」，那麼在座的其他下屬心中必定憤恨不平：「怎麼可以這樣呢，實在是太過分了，明明是大家一起做的！」，「他只不過運氣好些而已！」，「成就是我們大家一起努力的結果呀！」如此一來，辦公室戰爭就會永無休止，這對公司而言絕非好事。

一般人會認為，既然是如此光榮的事，為什麼不在大庭廣眾下對其進行表揚呢？事實上，除非沒有任何利害關係的稱讚，否則極易引起其他員

工的嫉妒與不滿。所以，這種稱讚可以在私底下告訴他，也可避免給對方造成困擾。

而非要在公開場合說的話，就一定要做到表揚每一個人的辛勞，比如「這個專案之所以完成得這麼順利，離不開大家的共同努力」「諸位的辛勞我已向總經理報告過了，他非常高興」，這才是最完善的做法。

注意讚美的尺度

讚美的尺度往往直接影響讚美的效果。恰如其分、不留痕跡、適可而止的讚美能夠讓一個人在交際場上更成功。倘若使用過多華麗的辭藻、過度的恭維、空洞的奉承，只會讓對方感到不舒服、不自在，有時候甚至感到難堪、肉麻、厭惡。

如果你對一位字寫得比較好人說：「你寫的字是全世界最漂亮的！」結果極有可能使雙方難堪，但如果你這樣說：「你的字寫得真漂亮！」朋友一定會很高興，說不定他還要向你描述一番他練字的經過和經驗呢！任何事情都要掌握一個度，讚美也不例外，千萬不要太肉麻，能表達你的意思就夠了，而且也不宜太誇張，否則會讓人感覺你是在挖苦他。當然，讚美的程度不夠也無法達到預期的目的。所以，拿捏好讚美的尺度是非常重要的。

讚美還需要真誠，要做到不留痕跡

真誠的態度是交際者成功的要素。交際中讚美一定要表現得真誠，要讓人感到你是發自肺腑的，是情意真切的。真誠的、恰如其分的讚美才能引起共鳴，才是內心真正需要的，才能讓聽者心悅誠服。高情商者知道每個人不同的心理需求，並且根據這種需求來適度讚美對方，當然會得到被讚美者的好感。就像前面故事提到的那位老師所說的那樣：「如果你以後也能不斷地用真誠的語言去讚美別人，你得到的好處將遠遠超過這些！」

Part 5　社交情商，建立良好人際關係

▌自衛也可以擁有高情商

在社交當中，不是每一個人都會對你表現得很友好。如果某個人在你猝不及防的時候突然像投遞炸彈似的向你挑釁。這時，你該如何處理呢？

當然，你要根據個別情況採取一些相應的措施。在有些場合，最佳的方式就是溫和地婉拒對方的挑釁，進而避開一觸即發的口角。我們先來看幾種婉拒別人的基本方式。

向對方發出干擾訊號

這種方式可以使對方的質詢或指控毫無發揮的餘地，你也就不用考慮該如何回答他們了。

都柏林神學院的一位女同學有一次終生難忘的經歷。那個時候，她決心要去訪問世界聞名的作家薩繆爾・貝克特，而這位作家向來以不願意接受任何人的訪問而聞名。這位「初生牛犢」的年輕人並沒有動搖，她遠赴巴黎，在貝克特的門前露營，希望能夠等到貝克特改變主意並接受她的訪問。功夫不負有心人，最後貝克特果然動了惻隱之心，答應接受她的訪問。不過有一個條件，即訪問必須在午餐時間進行，為了不影響他在午餐後立即工作。

訪問地點約在附近一家咖啡館裡，一開始，貝克特就殷勤地詢問這位女同學身世背景、志向喜好等許多問題，這位女同學也立即熱忱地做出了回答。事後這位女同學才發現，此次訪問自己除了和貝克特共享了一頓美好的午餐外，沒有任何收穫。

貝克特非常了解人們的心理，並且十分熟練地運用了人與人相處的基

本原則——多數人對自己的興趣遠超出對他人的興趣。他將話題的中心轉移到對方的身上，無疑是一種聰明又不傷感情的自衛方式。

採取策略性的混淆

策略性混淆就是說在緊要關頭，假裝聽不懂對方所說的話。

電影《安妮霍爾》裡有一幕男主角採用了這種技巧。疲憊的伍迪・艾倫在深夜裡接到了黛安・基頓打來的求救電話，說她房裡有「一隻嚇人的蜘蛛」。一場英雄救美的精彩戲過後，兩人相擁而臥，黛安以興師問罪的口氣問伍迪，剛才打電話給他時，他的床上是否躺著另外一個女人。伍迪立即板著臉，滿是困惑地問道：「你這是什麼意思？」這無疑是整部電影裡最妙的一句話。不是因為他這句話問得突兀，要知道伍迪絕不可能不懂黛安的意思，而是因為這句話巧妙地表現出了許多類似尷尬情形的共鳴。

事實也確實如此，假如我們把所有因做了虧心事而感到良心不安的人召集起來組成一個祕密團體，相信他們彼此問的一定是：「你這是什麼意思？」

更妙的是，這句話一直都非常有效。沒有任何人能抗拒這句話的誘惑，他們都會忍不住立即為原來的問句加以註解、說明，甚至會把原問句所隱含的用意和盤托出。於是，隨時都可能爆炸的問題就會像被拆除引信的炸藥一樣，沒有了殺傷力。

另外一個與「策略性混淆」類似的技巧，就是我們接著要談的「製造」困擾。比如，一位不懷好意的入侵者在宴會中伸手把你拉到角落裡，問你宴會結束後是否還有什麼節目，你可以殷切地說：「陰天會使你煩躁嗎？」或者，一位酷愛打探別人底細的女士不斷地追問你「結婚沒有？」、「是猶太人嗎？」等諸如此類的問題，你可以回答她：「我是國際交換生。」別小

Part 5　社交情商，建立良好人際關係

看這幾句無厘頭的話，它真的可以給對方造成很大的困擾。

當別人打你的右臉時，把左臉也給他

這就是耶穌所說的「送上另一面臉頰」，這也是遇到語言侵略性較高對手時的一個最佳方式。就像拳王穆罕默德・阿里說的那樣：「以靜制動，讓對手不斷地攻擊，直到他體力耗盡」。

比如有人當著你的面說你是「一個狡詐的混蛋」，你便可以立即回答：「我完全同意您的看法，但我很想知道您認為我做的哪件事最狡詐？」或者對方會說：「你是我見過最懶的人！」你可以這樣回答：「您說得太對了，那麼請問您是否願意告訴我，您是從什麼時候開始注意到的呢？」對方一旦上鉤，你便可以隨心所欲，想釣他多久就釣他多久。這時，倘若他想掙脫你的鉤子，你還可以繼續鼓勵他指出你的其他缺點，看他怎麼把鉤子甩掉。

當然，這種方式要求你有極大的耐心，至於有些人，他們沒有足夠的時間或精力來進行這種長時間的「抗戰」，那就「一面倒」吧。這時你必須積極地參與到對方的指責當中去，與對方一起痛罵自己不當的行為或缺點。比如有人指責你：「你對付某人的手段太卑劣了」。你就可以像在談論別人一樣，痛責自己不當的行為；「唉，你還沒見我對另一個人的態度呢，簡直惡劣極了，要命的是，我居然對自己的行為甚感滿意。像我這樣的人居然還會有朋友，這不能不說是一個奇蹟。你一定難以想像，倘若有朋友來請我幫個小忙，我將會怎麼回答他們……」

保持沉默

面對對方的挑釁，如果你無法確定該用哪種方式回答，那就保持沉默吧。只要不參與爭論，也就無所謂輸贏。同時，對方在滔滔不絕的自語中

會把自己的缺點暴露出來。

在力量相當的情況下，硬碰硬除了兩敗俱傷外，再也不會得到任何好處。柔不是弱，而是一種韌性，一種彈性。當別人對你惡言相加，當別人對你拳腳相向，不要衝動地以牙還牙，而要以溫和緩解對方的冰冷，以柔韌應對對方的強硬。你的溫柔反擊不僅不會顯示你的懦弱，反而會讓別人感受到你不可侵犯的訊息，以後再遇到你時，他們在言談上就會有所收斂，甚至對你非常敬佩和尊重。

寬容不是軟弱

寬容不但是做人的一種美德，也是一種明智的處世原則。寬容是人際交往中的「潤滑劑」。寬容是一種幸福，生活中多一分寬容，生命就會多一寸幸福的空間，生活就會多一份溫暖的陽光。寬容鑄就了生命的幸福和生活的快樂。

喬治・羅納曾在維也納當過多年律師，第二次世界大戰期間，他逃到瑞典，變得一文不名，他急切地需要一份工作。他懂得好幾個國家的語言，希望能在一些進出口公司找到一份祕書的工作。但是，絕大多數公司都回信告訴他，因為現在正在打仗，他們不需要這類人才，不過他們會把他的名字存在檔案裡⋯⋯

在這些回覆中，有一封信這樣寫道：「你完全沒有了解我們的用意。你又蠢又笨，我根本不需要什麼替我寫信的祕書。即使需要也不會請你這樣一個連瑞典文也寫不好，信裡全是錯字的人。」喬治・羅納看到這封信

Part 5　社交情商，建立良好人際關係

時，簡直氣得要發瘋。面對如此的羞辱，喬治·羅納也決定寫一封信，氣氣那個人。但他冷靜下來後對自己說：「等等！我怎麼知道這個人說得不對呢？瑞典語畢竟不是自己的母語。如果真是如此，想要得到一份工作就必須不斷努力學習。他用難聽的話來表達他的意見，並不意味著我沒有錯誤。因此，我應該寫封信感謝他才對。」

於是，他重新寫了一封感謝信：「您寫信給我，實在是感激不盡，尤其是在您並不需要祕書的情況下，還給我回信。我沒有弄清貴公司的業務實在感覺很慚愧。之所以再次寫信給您，是因為聽他人介紹，說您是這個行業的領導人物。我的信中有很多語法上的錯誤，而自己卻不知道，我倍感慚愧，而且十分自責。現在，我計劃加倍努力地學習瑞典語，改正自己的錯誤，謝謝你幫助我不斷進步。」

這封信發出不久，喬治·羅納就收到那個人的回信。不僅如此，他還從那家公司獲得了一份工作。可見，擁有一顆寬容的心，對自己的人生將會造成至關重要的作用。

一隻腳踩扁了紫羅蘭，香味卻留在腳底，這就是寬容。有位智者曾經說過：「幾分容忍，幾分度量，終必能化干戈為玉帛。」正所謂「忍一時風平浪靜，退一步海闊天空」。對於別人的過失，必要的指責無可厚非，但能以博大的胸懷去寬容別人，就會讓世界變得更精彩，以寬容之心度他人之過，你才會活得更加精彩。

寬容對人對己，都是一種無須特別投資便能獲得的精神補品。學會寬容不僅有益於身心健康，且對贏得友誼、保持家庭和睦、婚姻美滿，乃至事業的成功都是必要的。

處處寬容別人，絕不是軟弱，更不是面對現實的無可奈何。在短暫的

生命旅程中，學會寬容意味著你的生活將更加快樂。屠格涅夫說：「不會寬容別人的人，是不配得到別人的寬容的，但誰能說自己不需要別人的寬容呢？」平凡的話語說出不平凡的道理。的確，人人都需要別人的寬恕，只有人人都寬恕對方，人與人之間的關係才能和睦，生活才能幸福美滿。

讓述情能力促進理解

在情緒產生以後，我們往往會使用兩種常見的方式來處理情緒：發脾氣、指責或抱怨他人，這樣做的確會釋放情緒，卻往往會傷害感情；隱忍不發，這是中國傳統文化所提倡的，但它對人的身心健康與長久的情感關係明顯有害。

兩種情緒處理方式都有其問題，在這種情況下，如何處理當前的問題便能顯示情商高低。對於高情商者而言，「述情」往往會讓他們擺脫以上兩種情緒處理方式所帶來的危害，獲得更好的處理結果。

想要利用述情來改善人際關係，進而實現自我人生的改變，我們就必須要懂得述情能力的來源與具體的發展。

述情能力往往是在學習說話的過程中習得的：若父母在孩子兒時常常對其述情、共情、很照顧他感受，孩子的述情能力往往會很高，反之則會很低。

一個小男孩在商場中不小心與父母走散，在驚慌失措地尋找父母的同時，他甚至有可能放聲大哭。這一年齡層的孩子很可能並不懂什麼是害怕與傷心，但是一旦父母找到他，關心地問道：「你是不是很害怕？」，「你

Part 5　社交情商，建立良好人際關係

很傷心對嗎？」他便會明白，自己剛剛的情緒是怎樣的，慢慢地，他會理解自己的感受，長大後其述情能力便會更高。

反之，若在孩子的成長過程中，父母不關心孩子的內心感受，而是在孩子犯錯後只是一味地批評、指責，那麼他便會有意識地壓抑自己真實的感受，這會讓他形成一定程度的述情障礙。長大後，這樣的人往往很容易在情感關係中遇到問題。

透過述情你可以告訴對方你喜歡什麼、不喜歡什麼、希望如何、不想要怎樣，這等於給他人指出了一條正確關愛你，至少與你更好交流的線路。它會清晰得如同一張路線圖，遵照它，他人就可以理解你的感受、你的舉動，並知道如何去理解你。

值得一提的是，每一個人的情感特點都不一樣，特別是一些女性，常常不會將自己喜歡什麼、不喜歡什麼告訴他人，而是習慣性地讓他人去猜──在戀愛關係中，這種「猜測」也是男性最為反感的：問的時候不說，猜的時候不說對錯，多半會讓情感能力本就不足的男性一頭霧水，進而傷害彼此間的情感。

工作中，明確地告訴同事你的要求：「我覺得這件事情這樣做可能更好……」在現實生活中，清晰地告訴朋友：「新開的那家麵包店的麵包不錯，有空我們一起去。」他們會更明白你的要求，同時也會了解你的喜好。

在傳統文化的薰陶下，我們習慣性地將不滿、生氣、憤怒等負面情緒進行掩飾與克制，以避免傷及人際關係。但事實上，良好的人際關係並非靠克制與掩飾來維繫的，真誠相處的人並不需要隱藏自己的憤怒與不滿。及時地述說，往往會令負面情緒得到釋放，同時令雙方增進理解。

在表達個人感受時，你需要學會以陳述自我感受為重點的有效敘述：

「當⋯⋯的時候（引起情緒的具體時間或言行），我覺得⋯⋯（你的感受），因為⋯⋯（引發你情緒的理由）。」比如，「當你告訴我你不願意接手這項文案時，我感覺很失望，因為按你的職責來說，這只是一件分內的小事」。

這樣表達的意義在於，它可以讓對方理解你的心情或感受，又可避免刺激或引發對方的心理防禦，這與「都是因為你⋯⋯你⋯⋯」這類以責怪為主要內容的表達有著極大的區別，因為責怪只會讓對方也產生憤怒與不滿的情緒，進而對人際關係產生更大的破壞作用。

述情並不是一味地表現自己的感受，而是在保持客觀與理性、真實的態度下進行的。一個人在述情時越客觀，與他人產生誤解、與社會形成矛盾的機率便會越低。

述情的基礎在於，個人能夠時刻覺察到自己的情緒，當情緒來臨時，可以感受到自己的情緒變化，並在情緒變化時學會保持客觀。保持客觀，就可以清楚地知道客觀事實與主觀想像之間的區別，就能夠避免用自己的主觀想像將客觀事實過分渲染。

保持客觀的方法其實也很簡單：當你嘗試對一件事情進行描述的時候，不如問一下自己：「我說的是事實嗎？」比如，回想一下上一次與親密的朋友見面聊天距離現在有多長時間了？以「天」為單位來形容，比如三天，這是一個事實；以「小時」為單位來形容，比如四個小時，這也是一個事實。但是，一旦使用含糊的詞語，比如「很久」就不夠客觀、容易引發分歧了。所以，在述情時，你應該盡量使用準確的詞，而不是使用「總是、很久、習慣」一類的帶有含糊意義的詞，這樣才不容易引發對方的反駁，因為你說的本身就是客觀事實。

Part 5　社交情商，建立良好人際關係

　　盡量使用清晰的語言描述，不要將自己的想像當成客觀事實，同時盡量說出具體的衡量單位。有了這一基礎，述情的品質才會提高，他人才會更理解你。

　　述情能力的提升並非一朝一夕之事。若你在兒時缺乏述情能力的教育，那麼，在成年後，你往往需要很長時間去鍛鍊自己的這種能力。在習慣了使用述情能力後，由於情商的提高，你的生活將會出現質的提升。

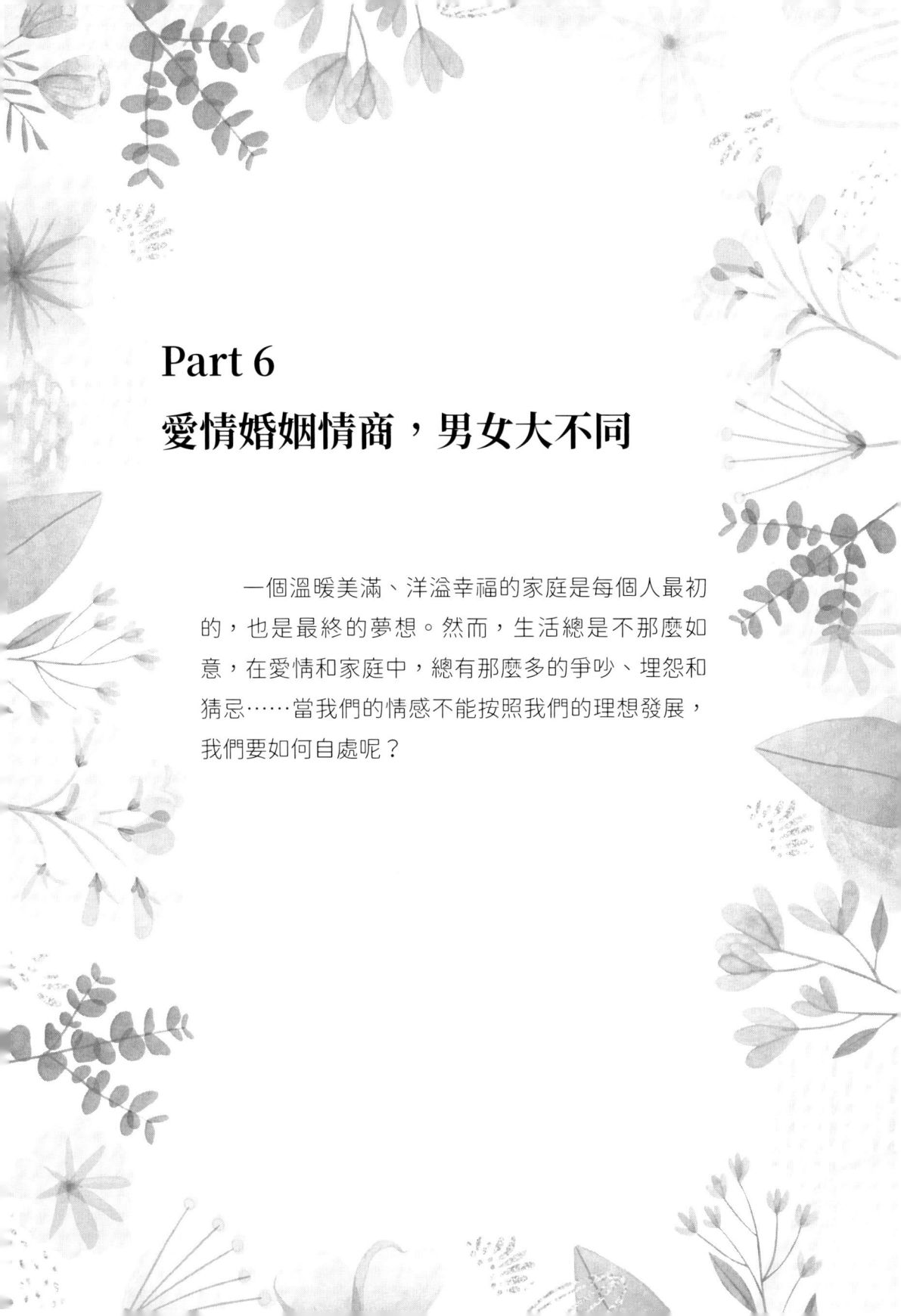

Part 6
愛情婚姻情商，男女大不同

　　一個溫暖美滿、洋溢幸福的家庭是每個人最初的，也是最終的夢想。然而，生活總是不那麼如意，在愛情和家庭中，總有那麼多的爭吵、埋怨和猜忌……當我們的情感不能按照我們的理想發展，我們要如何自處呢？

Part 6　愛情婚姻情商，男女大不同

情感的力量

　　情感在人們生活中無疑是非常重要的，每個人都有情感，即使再理智的人也會或多或少被情感左右，情感讓我們的生活變得感性而美好，當然也讓我們時刻體會酸甜苦辣。可是，到底什麼是情感呢？這種左右著我們喜怒哀樂的心理成分是如何產生的呢？

　　每個人都有自己的需求、態度和觀念，情感就是人在這些因素的支配下，對事物的切身體驗和反應。情感與人的需要之間存在著密切的關係，當人的需要得到滿足時，人就會產生滿意、愉快、興奮等正面的情感；而當人的需要不能得到滿足時，人則會產生失意、憂傷、恐懼等負面情感。

　　科學家透過對人類大腦的研究，揭示了情感來自何處，以及人們為何需要情感的祕密。研究發現：情感來自於一個被稱為大腦邊緣系統的部位，快樂、厭惡、憤怒和恐懼都出自這裡，欲望也來自這個系統，而愛則來自大腦的一個叫做新皮質的部位。

　　生活中常會出現一些現象：恐懼使血液流向大腿肌肉，進而使人更易於奔跑；厭惡使臉部肌肉向上皺起，同時關閉鼻孔，進而阻擋難聞氣味進入；驚訝使眉毛上揚，進而擴大視野範圍，以獲取更多的資訊等，這些都是人類原始的情緒反射。在人類的大腦反應中，依然存在著原始的情感。

　　人的情感有著很強的指向性，即情感的傾向性。例如，有的人會厭惡和牴觸危害社會的行為，而有的人則無動於衷；有的人能虛心接受別人的批評，而有的人則會產生不滿。

　　那麼，我們如何引導人的情感傾向性呢？人的情感傾向性是由需要決

定的。需要得到了滿足就產生肯定性情感，需要得不到滿足就產生否定性情感。僅僅追求感官需要的人，其情感傾向必然低下、卑微；一切以滿足個人需要為準則的人，其情感傾向必然自私、狹隘。情感的傾向性直接影響人在面臨重大抉擇時的態度和傾向，能明顯表現出人生觀和價值觀。

情感的穩定性，即情感的穩定程度和變化情況，它與情感的深度密切相關。淺薄的情感是變化無常的、短暫的，而深厚的情感則是穩定持久的。變化無常是情感不穩定的主要表現，情感不穩定的人情緒變化非常快，一種情緒很容易被另一種情緒所取代，人們通常用「喜怒無常」、「愛鬧情緒」等來形容這種人。

情感的不穩定還表現在情感強度的急遽變化上，這類人往往在開始時情緒高漲，但很快就會冷淡下來，人們通常用「轉瞬即逝」、「三分鐘熱度」來形容。

情感的穩定性是衡量人的性格是否成熟的指標之一。穩定的情感是獲得良好人際關係的重要條件，更是取得工作成績和人生成功的重要條件。

情感能對人的生活產生作用，這就是情感的效能。情感效能高的人，能夠把各種情感都化為動力。愉快、樂觀的情感可以促使其積極工作，即使情感處於悲傷階段，也能化悲痛為力量。情感效能低的人，雖然其情感體驗在某些時候也會很強烈，但這種情感僅僅停留在體驗上，不能付諸行動。他們在愉快、樂觀等正向性情感中盡情陶醉，行動一再被延遲、停止甚至放棄，而在面臨悲傷、憂鬱的情感時，便不能自拔。

情感與健康狀況和認知水準也有密切的關係。

人的健康狀況良好與否，直接影響人的情感的好壞。過度疲勞、傷痛、疾病等，都能對人的情感產生不良影響，尤其是得了重病，人的情感

Part 6　愛情婚姻情商，男女大不同

變化往往到了令人無法接受的程度。例如，營養學家確認，人體缺乏維生素 B2，會導致生活情趣降低，情緒逐漸惡化，甚至使人產生自殺傾向。

情感占據著人類精神世界中的核心地位。社會生物學家為此指出，人們在危急時刻的情感高於理性，發揮著主導作用。的確，當人們面臨挫折、失敗和危險的時候，僅靠理智是不足以解決問題的，它還需要情感來作為引導。

情感的力量是不可小覷的，任何時候人們都不應忽視情感的力量。當年鐵達尼號沉沒的時候，年老的船長留在輪船上，平靜地面對死亡。他的行動感動了許多人，致使這些人在大災難和即將來臨的死亡面前，也能表現得異常鎮靜，這充分展現了情感在人類生活中的重要性。

人們在進行決策或採取行動的時候，情感與理智是並駕齊驅的，有時甚至是情感略占上風。其實人們往往還是把由智商所評定的理智看得太重了，太過分強調了。殊不知，當情感獨領風騷的時候，理智根本無能為力。

如何恰當表達愛意

在現實生活中，因為不敢將愛及時說出口而錯失幸福的例子不在少數。的確，你既怕被他人笑話「臉皮厚」，更怕「落花有意流水無情」，所以只好保持緘默，自己一個人著急、苦惱。其實「窈窕淑女，君子好逑」，當你喜歡上一個人的時候，大可不必羞於啟齒，更加不必害怕遭到拒絕。做一些適當的情緒準備，就能夠不再被暗戀的苦惱所折磨。

一個高情商的人深知愛情是兩個人的感情互動，總要有一方先站出來，既然自己先喜歡上了對方，有什麼理由不主動呢？當然，高情商人士主動表達愛意，被對方拒絕的情況很少，這是因為他們深諳表達自己愛意的方法。下面就和大家分享幾種方法。

製造懸念

先製造一個懸念，為對方樹立一個無形的「橫刀奪愛」的「情敵」，觀察對方是否有欲愛不成、欲割難捨的緊張和矛盾的情緒。如果對方出現這種情緒，就可以將「情敵」的身分明朗化，這時，對方才恍然大悟——原來「情敵」就是自己，進而將愛情推向一個新的高度。反之，如果對方沒有任何聽到「情敵」該有的反應，就說明此時還不到表達愛的時機，你們的感情需要進一步培養。

馬克思在向燕妮表白時，用的就是這種方法。

馬克思對燕妮說：「燕妮，我愛上一個人，決定向她表白。」由於燕妮也愛戀著馬克思，因此不由得一愣，她急切地問：「你真愛她嗎？」

「當然，她是我見過最好的女孩，我會愛她直到永遠！」馬克思滿懷深情地說。

然後，燕妮強忍傷感，平靜地說：「祝你幸福！」此時，馬克思將答案揭曉，他愛上的那個人正是燕妮。

一個懸念能夠製造出一場讓對方難忘，使自己免於尷尬的表白。

寓物言情

選擇一件寓意深長的禮物在特殊的時刻送給對方，表達自己的愛慕。這種方式不僅不會使自己陷於被對方當面拒絕的窘境，而且還平添了一種

Part 6　愛情婚姻情商，男女大不同

浪漫情調。當心上人的小禮物忽然而至，接受者的想像力便縱橫馳騁，於是「奇蹟」就會出現。

一位女孩是這樣向心儀的男孩表達心跡的：她準備了三張精美的卡片給男孩當生日禮物。第一張卡片上是一位紅衣少女俏皮地對一個男孩做著怪臉，上面還寫著「請記住我！」；第二張卡片上是非常美麗的風景，旁邊題有兩行小字——「如果從開始就是一種錯誤，那麼為什麼，為什麼會錯得這樣美麗？」；第三張卡片上是一個少女抬首望月的畫面，寫著「好想你！」。

寓情於物的表達方式不僅能夠展現自己的才思，而且能浪漫又準確地訴說愛意，別出心裁，任何一個被邱比特的箭射中之人都會欣然接受的。

曲折含蓄

如果對方領悟能力比較強，你就可以選擇這種方式，這樣會使你的表白顯得更加自然。比如，有一個男人是這樣求婚的，他說：「電鍋也換了一個大號的了，可是用它蒸出來的米飯，我一個人總是吃不完，為了不讓我背上糟蹋糧食的惡名，不如以後你就和我一起吃吧？」這樣的表達方式具有很強的針對性和冒險性，因為，很有可能對方也中意你，但也可能確實不明白你在說什麼。

直抒胸臆

簡明、直率、不虛偽造作，大膽而毫無保留地表達自己愛意的方法一般適用於以下三種情況：對方是個性情直率，喜歡開門見山的人；彼此有一定的交往基礎，清楚地知道對方對自己也有情意；對方是「靖哥哥」一樣木訥的人，你不說得直接，他就不會明白。

列寧追求克魯普斯卡婭時就是用這種方法。他說：「請你做我的妻子

吧！」而克魯普斯卡婭的回答也很乾脆：「有什麼辦法呢，那就做你的妻子吧！」在現實生活中，你可以說：「我喜歡你！給個態度吧，你打算怎麼辦？」這種直接的方式往往會給予人難以拒絕的力量。

詼諧幽默

用幽默的語言或逗趣的說笑來表達神聖的愛情，是在逃避尷尬和羞怯的同時，又能讓對方明白自己心意的好辦法。比如，你可以說：「你幫了我這麼大的忙，我一定要好好謝謝你！我決定了，犧牲自己，以身相許好了。左思右想，好像只有這樣才能充分表達我的謝意。」這樣的方式是一種表白，也是一種試探。無論對方怎麼回答，彼此在這種令人忍俊不禁、心情愉悅的氛圍中都不會感到什麼不快。

總之，在表白的時候，只要掌握好性別角色、情感濃度，發揚大膽主動、執著追求的精神，那麼你在愛情的道路上就成功了一半。

了解男女情感差異

男人們常說「女人心是海底針，怎麼猜也猜不明白」。女人則大都以為自己很懂自己的戀人，直到有一天對方以不合適為理由提出分手這樣的當頭棒喝發生後，她們才警覺「原來我從來都不了解這個男人」。

其實，由於男女有別，如果各自以自己的情感為標準來領會對方的情感，勢必產生偏差。黛博拉‧泰南在《聽懂另一半：破解男女溝通邏輯，語言學家教你解讀弦外之音》一書中也指出，這種觀點上的差異使得兩性

Part 6　愛情婚姻情商，男女大不同

在對話時有不同的預期，男性以就事論事為滿足，女性尋求的是情感上的相互理解。

一般來說，男女在 10 歲前的情感差異是比較小的，比如對於攻擊性，二者都傾向於直接、率直地表現出來，所以無論是小女孩還是小男孩，在被激怒的時候都會和別人打架。10 歲之後，男女所表現出來的差異會越來越大、越來越明顯。比如，女孩擅長帶有技巧性的攻擊策略，像是排擠、耳語、迂迴爭鬥等；而男孩則完全不懂這些策略，他們仍然採取正面對抗。

女性在團體中，注重合作的建立、敵意的消減；而男性則忽略這些情感問題，強調競爭。這一點我們可以從同性團體活動有人受傷時他們的表現來判斷。在男性團體活動中如果有人受傷，那麼受傷的人會自動退出，活動繼續；而女性團體中有人受傷，她們則會立刻中止活動，然後，幾乎所有的人都圍在受傷的女孩身邊安慰她。

女性善於辨識情感訊息，擁有比較敏銳的情感觸角，也懂得表達自己的情感、注重情感溝通；男性對情感的感知則比較鈍化，即使是脆弱、愧疚、恐懼、受傷等情緒，他們也不擅表達、宣洩，而是力求壓抑。

從諸多方面來看，我們可以得到一個結論：女性側重於感性，而男性傾向於現實性和理性。在整個生命的歷程中，男性不如女性那樣「情感化」，這也就導致了男女在戀愛中產生分歧。

一項針對 264 對夫婦所做的研究顯示，女性普遍認為美滿和諧的婚姻最重要的因素是「良好的溝通」，男性則不以為然。

德州大學心理學家泰德・哈森對婚姻關係進行深入研究後發現：大多數妻子認為，談心聊天才是親密的表現，尤其是討論兩性的關係；而丈夫卻無法理解為什麼妻子總有說不完的話，他們抱怨「我要和她一起做事

情，她卻只想談心」。當然，在戀愛階段，男性還是比較願意配合女方經常談心的，但是結婚後，他們便越來越少和妻子交談，反而感覺兩人一起做點事情才能更親近一些。

男性比女性更具現實性，如果問題不是已經變成事實，他們的態度往往都比較樂觀；而女性比較敏銳，事情的發展出現了任何的偏差，即使很小，她們也能感應到，對愛情更是如此。所以，女人總是不斷向男人求證愛意，因為她時常感應到危險；男人卻越來越厭煩說愛，因為他覺得自己的感情狀況很好，因而比較樂觀。

總之，男女雙方都習慣用自己的情感去理解對方的情感，進而使認知結果產生了偏差。任何戀愛中的男女都不可避免地有不愉快或意見不一致的時候，如果處理不好，就有可能在彼此間形成更加嚴重的問題。因此，戀愛中的男女透過彼此尊重、諒解、寬容等方式來達成情感方面的共識就顯得尤為重要，而了解對方的情感認知方式、表達方法，並用它們來看待問題、體諒對方，更是愛情美滿的關鍵。

為彼此留一片心靈空間

一個即將出嫁的女孩問母親：「什麼樣的婚姻才是幸福的？」她的母親什麼也沒有說，只是從地上捧起一把沙子放在這個女孩的面前，女孩看見了滿滿的一把沙子，堆得高高的。這時，母親雙手緊緊地握住沙子，沙子從母親的指縫中滑落了下來。當母親再次伸開雙手的時候，沙子已經所剩無幾了。

Part 6　愛情婚姻情商，男女大不同

　　這個母親是想告訴女兒：幸福的婚姻是自然形成的，不要因為一些生活中的瑣碎而把它抓得太緊，你抓得越緊就越抓不住它，同樣也就得不到美滿的婚姻和愛情。

　　在愛情中，有的人總是要將對方握在手中，控制對方的一切，覺得這樣自己才會有安全感，才能不失去對方。殊不知，這正是在一步步地逼對方離開自己。

　　戀愛就像放風箏一樣，把線拽得過緊，風箏就會掙脫風箏線而去。我們要明白，戀人是一個成年人，需要自己的空間，需要對自己的生活有主導權，不能像對孩子一樣對戀人。

　　被人尊重是一個人的本能需求，當一個人在一個環境之中感受到不被尊重時，這個人便會想方設法地躲避這個環境。這就是很多人寧願抱著被子睡覺，也不願意去約會的原因。

　　盡量尊重你的戀人，這樣戀人會變得願意陪伴你，而且你要時刻提醒對方（還有你自己），彼此的確是找到了一個魅力十足而且能幹的戀人。

　　尊重自己的戀人，不僅僅是不輕易指責對方，不把對方當小孩看，把對方放到和自己同等的位置上，而且還要不約束對方、充分尊重對方的隱私權。

　　當一方非常喜愛另一方、害怕失去對方的時候，就會勤奮而痴情地吐出情感之絲，將對方網在自己的世界裡，像藤纏樹那樣不肯給對方半點活動的空間，但往往適得其反。

　　即使在戀愛中，人也是渴望自由的，適度的自由和信任會讓彼此相處得更加親密無間。而那種因為害怕失去，所以嚴密監管對方日程、手機、聊天記錄的行為，只會讓人產生窒息感，而想要逃離。

每個人都非常珍視自己私密的心靈空間,聰明的人知道要想進入對方的隱祕空間,唯一的通行證是真誠與理解,並不是靠窺探和審問。

戀愛中的兩人是兩個合作的個體,而不是共同體。每個個體都應該給自己留一點空間,保證自己最不想讓人知道的、最柔軟、最脆弱的地方不被傷害,這樣的戀情才能和平持久。

治癒愛情結束的痛苦

現實中,並不是每個人的愛情都會一帆風順。並非每段戀情都能開花結果,在一個人的感情經歷中,總會有失戀的遭遇。倘若對方執意分手,或者你們到了該分手的時候,那麼就釋然吧,或許那個真正給你幸福的人,正在不遠的前方等著你。

很多人在失戀的時候,遲遲不能走出這個已經是苦遠多於甜的沼澤,因為無法放棄曾經有過的美好感覺,無法放下曾經擁有的執著,而讓很多不美好的感覺壓在自己的心上,使自己和對方一起在痛苦中煎熬。失去一段感情為什麼會讓人如此痛苦,而那個人又是為什麼那樣讓人難以割捨呢?心理學家認為,原因主要包括以下幾個方面:

愛情也是一種持續的刺激,習慣後便感受不到

就像人每天置身於空氣之中,呼吸空氣賴以生存,可是很多時候你是感覺不到的,因為你已經習慣。直到你失去了它,你才會驚覺:「咦,空氣怎麼不見了?我怎麼感覺如此難受?」

Part 6　愛情婚姻情商，男女大不同

突然失去「自我中心」的感覺會使人心理失衡

愛人對你的愛慕，會逐步培養你「自我中心」的心理狀態。在這種狀態中，你會快樂、沉迷，但是愛人的離開會將這種狀態打破。從被人捧著到一文不名，這種轉變會讓人產生不適感，會讓人覺得天塌了一般。

「挫折吸引力」這一心理規律使失戀後的人覺得更愛對方

心理學家把失戀分為兩個階段：第一階段是「拒絕接受」，第二階段是「放棄、絕望」。在拒絕接受階段，被遺棄的一方會傾盡全力，用盡一切方式來挽回對方。而在挽回的過程中越是受阻，就越執著，可以說是越挫越勇，並且對戀人的愛也會在這個過程中不斷加深，這種現象被稱為挫折吸引力。精神病學家為這種奇怪的行為找到了生理學基礎：在拒絕接受階段，人體的多巴胺（多巴胺是一種控制肌肉運動，並讓人產生滿足感的化學物質）會增加，進而使遭到拒絕的戀人感覺到更為強烈的激情。

失戀引發的憂鬱使人覺得自己更加需要對方

根據哈佛大學社會學家的調查，失戀者患上憂鬱症的機率很高，而憂鬱會讓人沉浸在導致自己憂鬱的那件事情中不能自拔。在他們眼裡再也沒有比尋找所愛更加重要的事情了。

世界上的事物有開始就有結束，愛情也是同樣的。即使不在這一刻分開，在將來的某個時刻總會因為某些原因而分開。一段愛情結束，痛苦、悲傷是必然的，但是我們要明白這種痛、這種傷我們可以透過情緒的自我調整來治癒。

當愛情消逝了，不必沉迷在痛苦、怨恨、自怨自艾中，也不要試圖去糾纏、挽留，更加不要報復對方。一個高情商的人懂得透過成全對方來放

過自己。他們會祝福對方，畢竟曾經愛過。所以，分手以後千萬不要告訴對方「我恨你」，那會顯得你小家子氣。愛情是兩個人的事，你也有責任。

分手以後，回憶兩個人曾經的快樂時光是很落寞的事情。請你忘記那些，因為對方已經不會再因為你的落寞而心疼。一個人總要開始新的生活，別讓過去把你困在沒有陽光的森林裡。

分手以後，千萬別說你最愛的是誰。人生還很長，誰也不知道下一秒會發生什麼事情，也許你的真愛就在下一個轉角處等你。

分手以後，如果還會想起對方，就想想對方的好，對方的笑。記得自己曾經愛過一個很好很好的人，別去管最後是誰背叛了誰，開心過就好。

分手以後，要盡快做回自己。一個人的世界同樣有日昇日落，也有美麗的瞬間。而對方已經屬於過去，過去了就不要再牽腸掛肚，要相信自己會有更燦爛的明天！

失戀的痛苦不會永遠跟隨著我們，時間會讓一切漸漸消逝。甩甩頭，朝前走，錯了日出，就別再錯過日落，錯過了日落，就別再錯過繁星。

怎樣擁有完美的愛情

你是否曾不止一次地問過：「我怎樣才能擁有完美的愛情呢？」那麼，什麼樣的愛情才是完美的愛情呢？

那些真正懂得感情的人多半會告訴你：「完美的愛情並不純粹，它是一種混合物，是親情、友情、愛情、激情和承諾的有機融合。」

Part 6　愛情婚姻情商，男女大不同

耶魯大學心理系、教育系教授，當代著名心理學家羅伯特．史坦伯格，從 1980 年初就開始用心理計量學的觀點去探討愛的本質。他從人際心理學的角度揭示了戀愛中的一些基本問題，比如，人為什麼會墜入情網。他的愛情三元論一舉推翻了「這就是愛，說也說不清楚」的說法。該理論認為愛有三種基本要素，即激情、親密和承諾。這三種元素透過不同的排列組合，構成了七種愛情類型。

編號	名稱	元素	表徵
1	喜歡式愛情	親密	重視彼此的喜好、理解與期待
2	迷戀式愛情	激情	魅力與性的吸引，比如：初戀
3	承諾式愛情	承諾	缺少必要內容，比如：為了結婚而結婚
4	浪漫式愛情	激情＋親密	崇尚過程，不在乎結果
5	伴侶式愛情	親密＋承諾	只有權利和義務，卻沒有感情
6	愚蠢式愛情	激情＋承諾	缺了承諾，一切都是空頭支票
7	完美式愛情	親情＋激情＋承諾	完整形式的愛情，代表著人們所嚮往的理想關係

完美式愛情就是一個三角形，三個元素是三個頂點。史坦伯格認為不同形狀的三角形，代表了不同的愛情型態。三角形面積的大小代表的是愛情的多少，三角形的形狀代表愛情的狀態，不等邊三角形代表不平衡的愛情。而哪個頂點到三角形中心的距離最長，哪個元素就是愛情中的主導成分；哪個頂點到三角形中心的距離最短，哪個元素就是愛情中不足的成分。十全十美的愛情應該是一個完美的正三角形。

也就是說，只有當我們的愛情中齊聚了親密、激情和承諾三要素，並且每一種都比例適當的時候，我們才能找到完美的愛情。

一方面，我們要踏踏實實地過日子，不能夠過度幻想浪漫和激情。

幸福是在一粥一飯、一菜一湯的日常生活中展現出來的。浪漫和激情總是短暫，就像煙花一樣，踏實、平凡才是永恆。過多的激情和浪漫會讓人心靈疲憊，而平淡卻能讓人安詳寧靜。如果你喝了一碗醋，吃了一匙鹽，嚼了一把辣椒，這時你就會發現，原來還是那碗白開水最好喝。而浪漫和激情就如同蜜糖、美酒一樣，不過是用來錦上添花的。

另一方面，我們不能忘記了愛情的模樣，要將「風花雪月」進行到底。

兩個人在一起久了，難免會少了曾經的激情和衝動，而人又有追逐新奇的本性，如果這時出現誘惑，就難保一段感情不會走到盡頭。因此，我們要將愛情中的風花雪月堅持到底，永遠讓對方的心只為自己跳動，不給愛情失去的機會。

最後，我們享有幸福愛情的同時，也要勇敢給對方承諾，負擔起愛情的責任。

熱愛自由，討厭約束和牽絆都不是不做承諾的藉口，不給對方承諾就是一種推卸責任的行為。要知道，責任不是牽絆和約束，不會折斷愛情的翅膀，只會讓愛情更加完美、成熟，讓我們更加幸福快樂。

夫妻情商的認知模式

夫妻情商中有兩種認知模式：樂觀和悲觀。

傑夫與瑪麗夫婦坐在客廳裡看電視，孩子在一旁吵鬧。傑夫有些不耐煩了，提高嗓門對瑪麗說：「你不覺得孩子太鬧了嗎？」（傑夫的真正想法

Part 6　愛情婚姻情商，男女大不同

是：瑪麗太縱容孩子。）

瑪麗聽到這話也深感不快，頂了丈夫一句：「他正在興頭上呢，讓他再玩一會兒吧。」（瑪麗心裡想的是：一天到晚沒好臉色，一會兒這不對，一會兒那不對的。）

此時傑夫真的生氣了，很惱火地說：「是不是要我把他帶到房裡睡覺？」（傑夫想的是：這點小事也不肯辦，這種事也讓我惱火。）

瑪麗有些害怕了：「我帶他去睡覺就是了。」（瑪麗心想：他發脾氣了，我跟孩子都會遭殃，不如妥協。）

這個例子說明，夫妻之間交談的真正含義是由情緒來傳達的，語言傳達的只是其中的一部分而已。導致婚姻危機的不是平日的話語，而是談論這些話語時的情緒狀態。

瑪麗覺得丈夫把壞脾氣強加給她與孩子，讓家裡不得安寧；傑夫則覺得妻子總是不按自己的話去做，自己沒有得到足夠的尊重。婚姻中的情緒一方表現為迫害，另一方則怨憤難平，其結果必然是火上澆油，彼此傷害。兩個人在情緒上越來越失控，互相拆對方的臺，不到產生激烈的衝突時不會妥協。這種情緒衝突一旦成為習慣，受情緒壓迫的一方將不斷從配偶的行為中找根據，凡是跟其期望不符的行為，一律忽略或只按自己的意思加以理解。

這是情緒背後的邊界想法，不可不加以重視，因為它隨時都可能觸動神經警戒作用，造成不可收拾的局面。在上述例子中，假如瑪麗不做妥協，叫孩子睡覺這樣一件小事就可能激發一場家庭戰爭。

在情緒失控導致的對立中，雙方念念不忘的只是配偶平日的種種不是，至於配偶的優點卻全部拋至腦後。妻子的溫柔被理解成口是心非，丈

夫的稍有不快可能被理解成大發雷霆。

情商較高的夫妻，總是善於體會配偶話語背後的真實含義，因此能進行較好的情緒溝通。他們能夠很快忘掉種種不快，對當前的狀況做出溫和的解釋，能夠避免情緒失控。即使失控，也能較快地復原。

情緒背後的真實想法，在婚姻進入平穩階段後，就成為較為穩定的婚姻認知模式。樂觀的情緒認知有助於婚姻關係的維持和發展，而悲觀的情緒認知則是婚姻的暗礁。

假如妻子一直這樣想：「他是個自私自利的人，他的教養很差，本性難移。」，「他成天讓我給他做牛做馬，卻從不關心我的感受。」……這樣的情緒潛臺詞，會流露在夫妻日常的交流當中，因此夫妻二人隨時可能會因雞毛蒜皮的小事，引發無休止的爭鬥。

但假如一個妻子的情緒認知是這樣的：「他今天似乎有點不太高興，但他以前一直是很溫柔的，恐怕今天碰到什麼不順心的事，有可能是工作上遇到麻煩了。」……這樣的認知模式作為情緒的潛臺詞，即使偶有不快，也不致於讓婚姻有翻車的危險。

夫妻雙方都是婚姻這艘航船上的舵手，單靠其中一方是開不好這艘船的，兩個舵手間的配合十分重要。互相拆臺，船隨時會有傾覆的危險。同行的舵手，彼此應當盡可能地進行樂觀的情緒認知，常持悲觀的想法容易導致情緒失控，一個好端端的行為就可能導致非常荒謬的結局。動不動就因對方的行為感到憤怒或難過，好像婚姻總是無法挽救，與此同時必然訴諸批評或輕蔑，而對方則可能以逃避或冷漠來表示反抗。

悲觀的認知模式加上暴力傾向，婚姻就非常危險了。研究顯示，暴力傾向明顯的丈夫，在家庭中彷彿是惡霸，好端端的行為也可能被說成乖

Part 6　愛情婚姻情商，男女大不同

張，以發洩他心中的惡氣。

受他壓迫的妻子未必在情緒上流露出輕視、排斥或羞辱，但他卻總是以自己的情緒認知模式，接納從妻子一方傳來的情緒訊息。他會以為妻子長時間地與一個英俊男子交談就是在與他談情說愛，並對自己表示輕蔑，進而在家中打罵妻子。平時妻子略有不合他意之處，他就大發雷霆，置婚姻的小舟於狂風大浪之中而不顧。

所以，夫妻之間不同的婚姻認知模式，決定著婚姻關係中對配偶情緒含義的理解，也決定著情緒衝突的界限。不當的情緒認知，使得情緒失控頻繁出現，舊創添新傷，導致一連串的婚姻危機。

婚姻諮商專家告訴人們，基於兩性對婚姻的情緒態度大有不同，為了維繫婚姻關係，應該注意下面的問題：

男人最好勇敢面對爭論，當妻子對某些問題表示不滿或提出某項建議時，很可能是出於維護婚姻的動機，妻子的憤怒和不快，並不是對自己的人身攻擊。在多數情況下，妻子只是想強調自己對事件的強烈感受。

積聚太久的不滿終將要爆發，但只要有溝通的機會，不滿就會減弱。在情緒溝通中，丈夫不可急於丟擲解決問題的方案，因為妻子重視的是丈夫是否用心聆聽，是否能體會她的感受。妻子往往會把丈夫輕率提出的解決方案，解釋成丈夫不重視她的感受。所以丈夫最好耐心地協助妻子度過盛怒期，讓妻子覺得貼心並被尊重，這樣妻子的情緒一般都會很快平靜下來。

對於妻子來說，要明白男人最困擾的是對他的抱怨過於激烈，對他人身攻擊應當盡量避免。不要把對某件事的怒氣上升為對男人的批評，更不可在批評中夾雜著輕蔑。否則，丈夫在盛怒之下，通常都會採取防衛或冷

戰，結果必然增加怨憤。

另外，妻子不妨讓丈夫感到自己的抱怨是出於對對方的愛，丈夫明白了這一點，通常能使自己的情緒在崩潰前冷靜下來。

夫妻交流需要同理心

丈夫：「求求你別這樣大聲嚷嚷，行不行？」

妻子：「我不大聲一點行嗎？你根本就沒在聽我說，一個字也沒聽進去！」

這樣的對話發生在很多夫妻之間，卻不是每對夫妻都明白其中的含義。

傾聽是維繫婚姻的重要因素，妻子一般都把丈夫當作傾訴的對象。女性情感較豐富，對各種刺激的反應較明顯，容易引發情緒的大起大落。而丈夫卻很少像婚前那樣溫柔地安撫妻子，這會使她對丈夫有失望感，這種失望加劇了她的嘮叨，她希望這樣會引起丈夫的重視。此時丈夫最好的應對方式是聆聽。

而往往在上面的對話過後，伴隨的是更加激烈的爭吵，雙方誰也不聽對方在說什麼，只顧批評和辱罵對方。其實丈夫的意思可能是：「我正在聽你說，請你小聲一點。」妻子的意思可能是：「你只要表現出聽我說話的樣子，我就會小聲了。」

爭吵的爆發，顯然是雙方都置對方的和解意圖於不顧。被抱怨的一方

Part 6　愛情婚姻情商，男女大不同

急於自我防衛，把對方的抱怨視為攻擊，要麼充耳不聞，要麼立刻駁斥。許多最終離婚的夫妻都是被怒火衝昏了頭，一味地在爭論的問題上糾纏不清，根本不考慮對方話語中的和解意圖，不懂得將抱怨理解為一種謀求改變的呼喚。

誠然，在爭吵中仍能保持冷靜的人不多，大多數人在幾句爭吵中就昏了頭。正因為如此，保持反思能力就變得十分重要。在情緒衝突中保持反思能力是一種較高的修養，它幫助修正從配偶那裡得到的訊息，不把自己的認知強加到對方之上，又將敵意或負面的成分過濾掉，如去掉侮辱、輕蔑、過分的批評等，使對方的訊息被正確理解。

通常，夫妻一方過頭的情緒表現的目的在於引起配偶對自己感受的注意，明白了這一點，就不會對激烈的情緒大驚小怪。假如妻子說：「你等我講完再打岔好不好？」可能你不會因她的盛氣凌人怒上加怒，反而會耐心地聽她把話講完。

在情緒衝突中，保持反思力的最高境界是同理心，也就是彼此都能明白對方話語背後的真實含義。要做到同理心，就必須理解對方的感受，而自己必然是冷靜、克制的，否則同理心只會變成曲解。一旦失去冷靜，同理心就無從說起。

自己強烈希望別人能夠理解的時刻，很難心平氣和地理解他人的感受。傾聽可使自身得到安寧，也使對方因你的安寧而平靜下來，情緒通常在做著無言的傳達。

在婚姻治療中，一種常見的傾聽技巧是「反射法」：一方抱怨時，另一方用相同的話重複一遍，不但要表現抱怨的內容，還要傳達抱怨的情緒。如果對方一次表達不出真實的感受，那就再來一遍。此方法看上去簡單，

真正做起來卻不容易。

這樣做的結果不但使我們理解對方話語中所包含的情緒內容，而且能使雙方產生真正的情感交流。簡單的重複，就使即將爆發的情感衝突湮滅於無形之中。

在婚姻中，只有彼此尊重才能化解敵意，坦誠的溝通應該避免恐嚇、威脅、侮辱等字眼，或各種不恰當的自我防衛，如找藉口、推卸責任、反唇相譏等。

在爭吵中，能夠站在別人的角度來思考問題是很有必要的，這樣即使最後不能達成一致，也不至於形成激烈的情緒衝突。即使情緒一時無法緩和，你也要告訴對方，自己在聽對方的話，懂得對方說話的意義。

人在自我感覺受到傷害的情況下，第一個反應是自己所習慣的反應模式，所以即使懂得了以上的道理，在吵架時也未必能馬上派上用場。人必須不斷地練習，才能在情緒衝突來臨時自覺地應用新的反應模式。

做到了這一點，你在婚姻生活中的情商就提高了一大步。

用幽默維持家庭心理和諧

幽默可以給我們的生活帶來快樂，也能化解人們在生活中遇到的各種憂愁和煩惱。幽默的談吐更是愛人之間進行交流和增進彼此關係的「潤滑劑」。倘若夫妻之間缺少溝通，就無法了解對方的思想感情，婚姻關係就不可能有日新月異的成熟和增進，而猶如馬拉松式的婚姻，恐怕也就沒那麼容易維繫了。

Part 6　愛情婚姻情商，男女大不同

　　沒有一個家庭成員希望家庭感情出現危機乃至破裂，人人都想擁有一個充滿愛意的家，這就需要家庭成員之間多交流，多溝通思想，互相關心。運用形象化的幽默語言，可以達到意想不到的效果。如果丈夫忘記做什麼事情了，妻子幽默地提醒一下來取代大聲埋怨，肯定會產生不一樣的效果。幽默可以幫助人消除煩惱、憂愁和疲勞，有利於人的身心健康，有利於家庭成員之間的和諧相處，能夠化干戈為玉帛。

　　有一位妻子聰明能幹，丈夫卻毫無上進心，不但如此，丈夫還在家裡擺架子。直接批評丈夫會激化夫妻之間的矛盾，一天，妻子講了一個寓言故事幫助丈夫正確認識了自己。

　　在飛機上，一位乘客向空姐要飲料，半天都無人理睬，乘客只好作罷。

　　不一會兒，這個乘客忽聽到其他人向空姐要飲料，還罵罵咧咧的。他看過去，原來是一隻鸚鵡，說也奇怪，空姐竟然乖乖地將飲料給鸚鵡送上。沒想到鸚鵡仍不肯罷休，繼續罵罵咧咧地要這要那。每次開罵，空姐都會趕緊把東西送上。乘客茅塞頓開，原來這個空姐吃硬不吃軟啊，看來得罵！於是乘客也學著鸚鵡的樣子罵罵咧咧，果然，空姐送來了他要的飲料。這下乘客樂了，嘴裡也不停地罵著，並向空姐要這要那。

　　正當乘客罵得起勁的時候，機長從駕駛艙當中走了出來，他一把抓住這位乘客向飛機外邊扔去。倒楣的乘客從空中往下跌落，他怎麼都想不通。很快飛機門又一次被打開，鸚鵡也被扔了出來。

　　鸚鵡飛到乘客身邊，繞著他飛了幾圈，驚訝地說：「原來你不會飛呀？那你在飛機上橫什麼？」

　　這則寓言帶來的不只是歡笑，在笑過之後，丈夫便意識到了自己的問題，於是痛改前非，發奮努力，終於取得了一些成績。

用幽默維持家庭心理和諧

夫妻之間不能缺少幽默，只有放鬆心情才能使愛情更甜美，婚姻更牢固。

幽默的語言可以使我們內心的緊張和壓力釋放出來，化作輕鬆一笑。在溝通中，幽默語言如同潤滑劑，可以有效地降低人與人之間的「摩擦係數」，化解衝突和矛盾，並能使我們從容地擺脫溝通中可能遇到的困境。

幽默的無形保護劑作用發揮得越好，就越能保持個人在精神上、生理上所需要的平衡。活得快樂的雅士們並沒有受到命運的眷顧，生活對所有人都一視同仁。那些總是快樂的人最大的特點就是學會用樂觀的心態應對人生的風雨。家庭的快樂和諧也同樣如此。

據說古希臘偉大哲學家蘇格拉底的妻子是一位脾氣十分暴躁的女人，她時常對蘇格拉底發脾氣，大吵大鬧，很長時間不肯罷休，蘇格拉底只好退避三舍。這位可憐的先哲經常生活在夫人的淫威壓迫之下，在當時男尊女卑的時代裡，這樣的遭遇讓蘇格拉底的很多朋友都對他深表同情。而蘇格拉底總是對旁人自嘲道：「討這樣的老婆好處很多，可以鍛鍊我的忍耐力，加強我的修養。」有時也會說：「我連這樣的人都能夠對付得了，以後還會害怕對付不了別人嗎？」

有一天，朋友在門外招呼蘇格拉底一起去參加一個討論會，結果正好碰到蘇格拉底的夫人在發火，把蘇格拉底罵得狗血淋頭。看到朋友，蘇格拉底趕緊往外走，盛怒之下的妻子順手把一盆洗腳水從樓上倒了下來，把蘇格拉底淋成了個「落湯雞」。這時候，面對朋友憤怒的表情，蘇格拉底不但沒有發火，反而笑了笑，自嘲地搖了搖頭：「我們走吧，我就知道，響雷過後必定會有暴雨。」朋友聽了哈哈大笑，一場難堪巧妙地化解了。

幽默是最為高明的情商，它是嚴酷現實的潤滑劑，能夠減少彼此間的

Part 6　愛情婚姻情商，男女大不同

摩擦，它的功效超越其他方法。與家庭成員相處時難免會有這樣那樣的摩擦，能夠解決這些事情的最佳方式莫過於使用幽默了。這樣既化解了矛盾，又避免了爭執，使家庭氛圍變得更加溫馨和睦。

學會做個聰明的「經營者」

有這樣一個故事：

沙灘上兩粒沙子相遇了，相愛了。其中一粒沙對另一粒沙說：「我要磨碎自己，把你包起來，永不分離。」另一粒也這麼說。於是兩粒沙子便相互摩擦著身子⋯⋯終於，兩粒沙子都磨碎了自己，儘管此時它們誰也無法把對方包起來，但此時兩粒沙子已經完全融合在一起，分不清誰是誰了⋯⋯

一對相愛的男女在一起，就像沙灘上偶然相遇的兩粒沙子，這原本就是一種緣分，只有相互不斷地摩擦，才能最終相互融合，長相廝守。儘管摩擦有時候很痛，但千萬別失去信心，不然生活的「潮水」就會在沒有融合前，把雙方衝進大海，永遠無法再見面。

夫妻間的磨合不是簡單的事情，其中有理解、有包容，還有讓步。透過理解、包容和讓步，夫妻關係才會自在、默契、和諧。這需要夫妻雙方都珍惜夫妻感情，顧及對方。如果兩個人都不肯改變自己或做出讓步，只是一味地指責對方，夫妻間就會衝突不斷，感情就會受到影響，婚姻也容易亮起紅燈。

婚姻的過程就是一對夫妻相互磨合的過程，這個相互磨合的過程也就

學會做個聰明的「經營者」

是你適應我、我適應你的過程，就如同急流適應河床。適應了這種磨合的夫妻，婚姻就如同走入正常河道的水流，一路向前奔騰。反之，則會出現偏差和障礙。

在這個磨合的過程中，夫妻雙方首先要學會「懂得」對方。所謂的「懂得」就是能體察對方的處境和情緒，給予了解和體貼。當對方遭逢挫折時，不諷刺，不挖苦，不說一句有損他尊嚴的話；當對方需要安靜思考的時候，不吵鬧；當對方意氣用事時，不和他一般見識……

有這樣一對夫婦，丈夫失業了，怕敏感的妻子擔心，就沒有告訴妻子，每天仍然像以前那樣上班下班。為了賺取家用，他在工地上找了一份搬磚的臨時工作，早上穿著西裝出門假裝去上班，到了晚上換下滿是塵土的工作服，再換上西服回家。

一個晚上，他和妻子正在吃飯，妻子對他說：「你不是想換工作嗎？剛好有家公司急著找人，我覺得這份工作和你的專業挺吻合的，要不你去試試看吧？」說完，妻子把一張名片遞給了丈夫。

丈夫看著妻子，再看看桌上這一個月以來每天都少不了的木耳炒肉；忽然，他明白原來妻子早就什麼都知道了，她心疼自己在工地幹活，才特意炒這道菜給他的。「老婆，你真好！」丈夫感動地說道。妻子則對他微微一笑。

丈夫知道妻子敏感，為了使妻子免於擔憂，他絕口不提自己的痛苦；妻子懂得丈夫的尊嚴和愛，她裝作什麼都不知道，只是默默地支持他。

體察對方的情緒，體貼地照顧對方的感受，能夠有效地避免夫妻間的衝突，增進彼此的感情。如果爭執已經發生，千萬不要秉持著一定要分個勝負的心態。要知道，婚姻是過日子而不是打仗，在適當的時候要學會示弱。

Part 6　愛情婚姻情商，男女大不同

　　兩個在不同環境下長大，有著不同經歷、不同個性的人走到一起，必然會有一個相互了解、相互適應的過程。在這個過程中，選擇重新來過就是選擇新生、選擇希望。不要企圖去改變你的愛人，那將得不償失。每個人都有自己的性格，一旦引起了對方的反抗心理，那麼離對方從婚姻中逃離的日子也就不遠了。

　　寬容是婚姻的最高境界。兩個人相處多有意見不合、有分歧的時候，然而婚姻之所以還能夠和諧，就是因為寬容。夫妻倆彼此遷就，即使對方錯了，也可以完全不放在心裡。家是講情的地方，不是講理的地方，理講多了，情就容易淡了。如果愛一個人，就應該寬容。同樣，寬容也是愛的最佳展現，它不但可以拓寬溝通的範圍，還能不斷地擴大自己的舒適區。

　　斤斤計較，總是對立地爭論，一件很小的事情也要爭個高下，這是很不明智的。本來家庭生活中就沒有道理可言，過於感情用事經常使道理變得更加混亂。

　　爭論與執拗或許能取得一時的勝利，卻容易給對方留下不講理的印象，傷害兩個人的感情。長此以往，兩個人都會感到無聊與疲憊，只有示弱才是明智的解決辦法。示弱不是軟弱、懦弱、退縮，而是一種尊重、禮讓、寬容和愛的表現。

　　此外，我們還要懂得儲蓄感情。

　　婚姻生活中充滿了「柴米油鹽」的雜事和煩事，彼此的感情容易被現實耗盡。因此，我們要懂得為自己的婚姻儲蓄感情。其實，每個人的心裡都有一個感情帳戶，誰對自己好，誰對自己不好，自己該還給誰多少，別人又欠自己多少，都清清楚楚。如果經常在感情戶頭中儲存真愛和默契，戶頭的「款項」越多，提取的幸福和快樂就越多，還可以提取微笑、溫

柔、鼓勵、安慰等「利息」。而現實中彼此的爭執、煩惱就如同通貨膨脹一樣，我們只有不斷地儲蓄感情，才能讓婚姻不貶值。

　　婚姻是永恆的人生課題，它在相當程度上決定著人生的品質與價值，它是兩個個體之間的組合。這種組合是相對的，並非命中注定的安排，因此，它需要選擇、追求和適應，需要建立、培養和經營，這一切都離不開理性的參與。世界上沒有完美的人，卻可以有完美的結合，只要我們有意識地去彼此磨合，培養自己的情商。

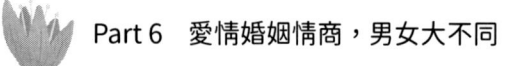

Part 6　愛情婚姻情商，男女大不同

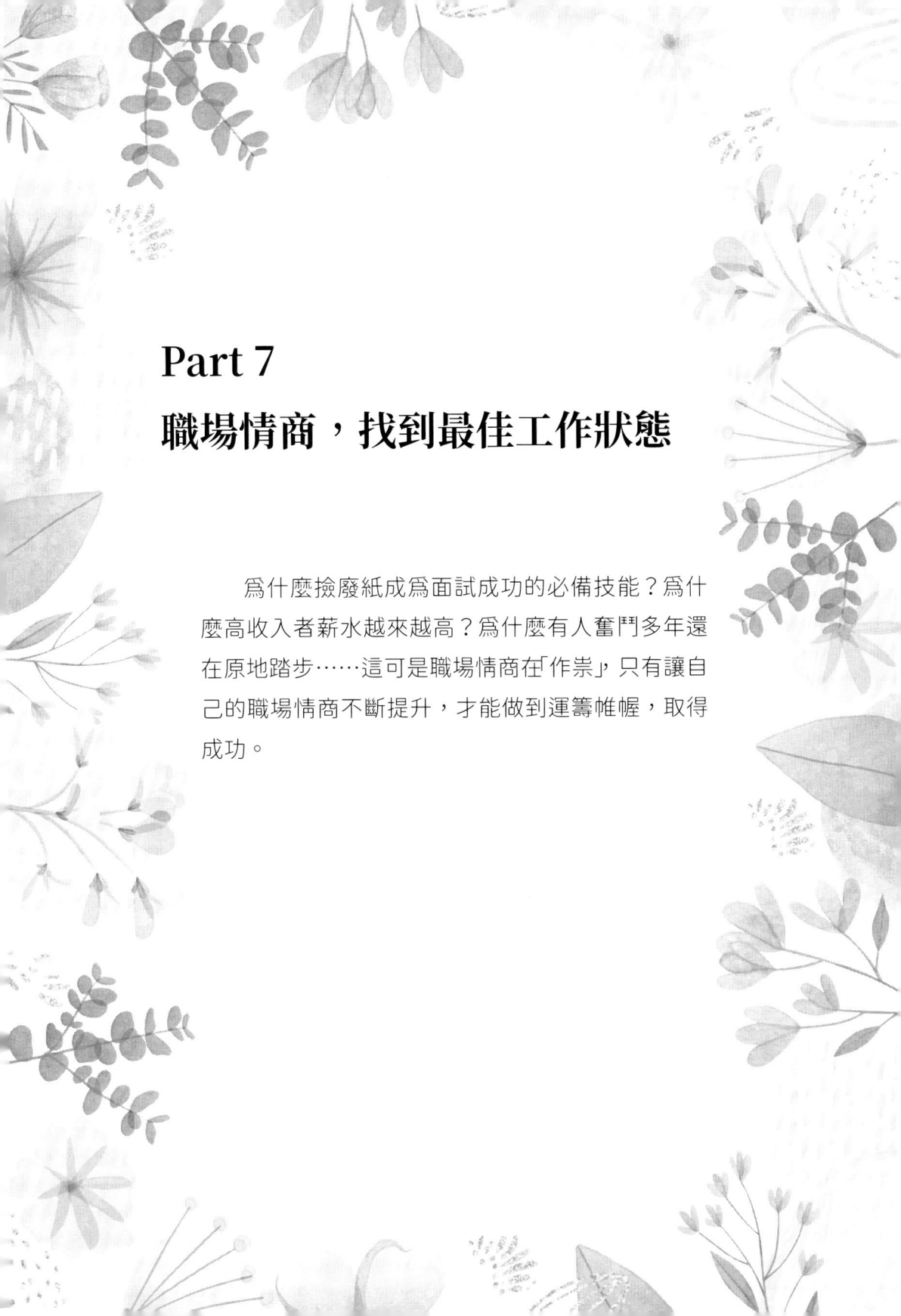

Part 7
職場情商,找到最佳工作狀態

　　為什麼撿廢紙成為面試成功的必備技能?為什麼高收入者薪水越來越高?為什麼有人奮鬥多年還在原地踏步……這可是職場情商在「作祟」,只有讓自己的職場情商不斷提升,才能做到運籌帷幄,取得成功。

Part 7　職場情商，找到最佳工作狀態

熱忱是最有效的工作方式

　　你愛自己的工作嗎？相信能給出肯定答案的年輕人少之又少。工作只是為了餬口，而不是為了自己的興趣愛好，這是很多年輕人的工作現狀。儘管不是很喜歡，但是迫於生計也要繼續去做。長此以往，失望情緒必然產生。這樣不僅自己不快樂，工作業績也不會出色。

　　嘗試著改變吧，要麼換一份自己喜歡的工作，要麼調整自己，讓自己去熱愛現有的工作！唯有你找到感興趣、熱愛的工作了，才能夠盡自己最大的努力，精益求精地去完成它，完成後，內心的滿足感是無與倫比的。

　　一個情商高的人總是能夠在自己從事的工作中找到樂趣，然後積極熱情地投入到工作之中，高效率、高品質地完成工作，進而取得成功。一個無法從工作中找到樂趣的人是無法做好工作的，也是無法成功的。

　　在這方面，愛迪生為我們樹立了榜樣。他每天工作 18 個小時，發明成果不計其數，他賺到的錢也足夠讓他任意揮霍，但他仍一心撲在實驗室裡，而這些並沒有人強迫他去做。他如此敬業就是基於他的人生哲學：工作，揭露自然的奧祕並供人類享用。

　　由此可見，一個人在工作中能否找到自己的位置，能否以最大的熱情投入到工作當中，是事業能否成功的關鍵。你的工作熱情會感染周圍的每一個人。

　　有三個人做了一個遊戲，他們要在紙片上把曾經見過，印象最深的朋友的名字寫下來，還要解釋選擇的理由。

　　結果公布後，第一個人解釋了他選擇的理由是：「每次這個人走進房

熱忱是最有效的工作方式

間,給人的感覺都是容光煥發。他熱忱活潑、樂觀開朗,總是讓人感到振奮。」

接下來第二個人也解釋了他的理由:「無論在什麼場合、做什麼事情,他都是竭盡所能、全力以赴。他的熱忱感動著每一個人。」

第三個人說:「他對一切事情都盡心盡力,所付出的熱忱無人能比。」

回答問題的這三個人是英國幾家大刊物的通訊記者,他們見多識廣,幾乎踏遍了世界上的每一個角落,結交過各式各樣的朋友,然而他們的回答卻是出奇的相似。他們互相看了眼對方紙片上的名字之後,發現三個人竟不約而同地寫下了同一個人的名字,那就是澳洲墨爾本一位著名律師的名字,而這位律師恰恰是以對工作熱忱聞名於世。可見一個人的熱忱對自己的工作和人際交往造成了至關重要的作用。

美國著名社會運動家霍勒斯‧格里利曾經說過:「只有那些對自己的工作有真正熱忱的人,才有可能創造出人類最優秀的成果。」薩爾維尼也曾經說過:「熱忱是最有效的工作方式。如果你能夠讓人們相信,你所說的確實是你自己真實感覺到的,那麼即使你有很多缺點別人也會原諒你。」

在政壇中同樣不乏這樣的事例。吉寧斯‧魯道夫的熱忱使他一生在政壇平步青雲。魯道夫自西維吉尼亞大學畢業之後,以壓倒性的勝利擊敗了經驗豐富的對手,當選為國會議員,而且由於他本人的能力很強,羅斯福總統也特別看好他。

在我們的人際交往當中同樣也離不開熱忱的交際態度,尤其是在雙方握手時,要讓對方切實感覺到你是真的很高興和他見面,能夠從握手中讓對方感覺到你的熱忱。然而熱忱並不是天生的,而是靠後天培養出來的,

Part 7　職場情商，找到最佳工作狀態

每一個人都可以擁有它。你和別人的每一次接觸都是在嘗試將自己介紹給對方。在工作中找準自己的位置是低調做人的完美表現，也是精明處世的基本保證。當你對工作付出熱忱時，就是你進步的表現，因為你已經在你的周圍創造出成功的意識，而此一成功意識不可避免地會對他人產生積極的影響。你在這個世界上付出的熱忱越多，就越能得到你想要得到的東西。

不熱愛自己工作的人很難在工作中做出成績。反之，如果熱愛自己的工作，在工作中盡心盡力，用最大的熱情投入到工作中，就能在工作中取得突出的業績。當然，也會很有成就感，因為只要付出了，就會得到回報。

即使你不熱愛自己的工作，但是，只要還在做著這份工作，就要儘自己最大的努力去完成，否則，就是在浪費自己的時間，浪費自己的生命。愛不是一天生成的，對工作的熱情也要慢慢培養。如果努力工作，想在工作中獲得樂趣，那工作效率就會提高，也會慢慢愛上自己的工作，人生也會為此而改變，因為正在做著自己熱愛的工作。

不是工作沒有樂趣，而是你不去主動尋找樂趣。如果你嘗試著去熱愛自己的工作，努力從工作中尋找樂趣，努力以最大的熱忱投入到工作當中，而不是去怨天尤人，那麼，工作將會回報你更多！

▌「做對的事」比「把事做對」更重要

情商高的人對外界環境具有很強的洞察能力，他們能夠正確地分辨出，什麼樣的環境是適合自己的，有利於自己的，什麼樣的環境對自己是不好

的，是不利於自己發展的，他們總能夠準確地找到適合自己發展的環境。

由於每個人都有自己的特質，因此所適合的發展環境也是因人而異，各有不同。找到適合自己發展的領域和環境，可以給自己的人生增值；如果不能很好地利用自己的情景洞察能力，找到適合自己發展的環境，就會耽誤自己的前途，浪費自己的生命，甚至使自己的人生貶值。

1950年代，愛因斯坦曾收到以色列當局的一封信，信中懇請他去就任以色列總統，這在大多數人看來的確是件好事。然而，出乎所有人的意料，愛因斯坦竟然拒絕了。他說：「我的一生都是在和客觀物質打交道，既缺乏天生的才智，也缺乏處理行政事務以及公正地對待別人的經驗。因此，本人不適合擔當如此高官重任。」

馬克‧吐溫曾有過經商的經歷。第一次他從事打字機經營，結果因受人欺騙而賠了19萬美元。第二次他辦出版公司，結果又因為不懂經營而賠了近10萬美元。這兩次經商失敗後，馬克‧吐溫不僅把自己多年嘔心瀝血換來的稿費賠了個精光，還欠了一屁股債。馬克‧吐溫的妻子奧莉維亞已經看出自己的丈夫不是經商的材料，不過丈夫的文學天賦實在無人能及，於是她就勸馬克‧吐溫放棄經商的道路，重新振作精神，走創作之路。經過一番深思熟慮之後，馬克‧吐溫也感覺還是寫作更適合自己，於是他很快擺脫了失敗的痛苦，繼而迎來了他在文學創作上的輝煌。

正如富蘭克林所說：「寶貝放錯了地方便是廢物。」在人生的座標上，如果不能找到適合自己發展的環境，在不適合自己的領域裡謀生，當然會異常艱難，接二連三的失敗也是預料之中，更有甚者，連續的挫折很有可能會使他們的意志逐漸消沉，進而永遠卑微地生活下去。我們只有找到了適合自己的土壤，才有可能在此茁壯成長、枝繁葉茂。

Part 7 職場情商，找到最佳工作狀態

一般來說，適合自己的往往都是自己喜歡的，至少是自己認為值得的。心理學家們認為，所謂「值得」至少應該符合三個標準。

第一，符合自己的價值觀。只有與我們價值觀相符的事情，我們才能滿懷熱情去做。

第二，與自己的個性和氣質相符。與個人的個性氣質完全背離的事情一定是不值得做的事情，也很難做好。比如，讓一個文靜內向的人去跑業務，每天與不同的人打交道，這對他來說無疑是件痛苦且不值得的事情。

第三，與現實情況和長遠利益相符。值得與不值得要視具體情況而定，要著眼長遠來看。比如，一個大學生在一家大公司跑腿打雜，我們很可能認為這樣是不值得的，然而如果短暫的跑腿打雜實習經歷過後，他可能被提升為部門主管或經理，那麼就是值得的。

聰明人非常明白，「做對的事情」比「把事情做對」更重要。在不適合自己的環境中熬日子，白白浪費生命、虛度年華，絕不是一個高情商人士的選擇。情商高的人能夠快速地找到適合自己發展的環境，然後在那裡打拚、努力，即使那個環境可能會很陌生，他也能很快適應，並能很快實現自己的價值。

蝴蝶效應也能創造職場奇蹟

1963 年 12 月，混沌學之父愛德華·諾頓·羅倫茲在華盛頓召開的美國科學促進會上講道：美國德州的一場龍捲風有可能是一隻蝴蝶在巴西叢林中搧動翅膀引起的。其原因在於，蝴蝶搧動翅膀，會引起周圍空氣系統

發生變化,並引起氣流的產生,雖然相當微弱,但卻會引起一連串的連鎖反應,最終導致其他系統的極大變化。

　　羅倫茲的演講和結論給人們留下了極其深刻的印象,從此以後,人們便使用「蝴蝶效應」來指細小因素和看似完全不相關的巨大變化之間,存在著緊密聯繫的現象。

　　由於「蝴蝶效應」獨特的、大膽的想像力和迷人的美學色彩,更因為它闡釋出深刻的科學內涵和內在的哲學魅力,所以許多人都為之著迷。在西方,有一首民謠廣為傳唱:「少一個鐵釘,丟一隻馬掌。少一隻馬掌,丟一匹戰馬。少一匹戰馬,輸一場戰役。輸一場戰役,失一個國家。」

　　為了爭奪英國的統治權,理查三世國王和亨利・都鐸公爵準備決一死戰。戰鬥開始前的一天早上,理查派一個馬伕備好自己最喜歡的戰馬。

　　「快給它釘掌,」馬伕對鐵匠說,「國王要騎著它打頭陣。」

　　「您得等一等,」鐵匠說,「前幾天我給所有士兵的戰馬都釘了掌,鐵片用完了。」

　　「我等不及了。」馬伕極不耐煩。

　　鐵匠埋頭幹活,他從一塊鐵板上弄下四個馬蹄鐵,依次把它們砸平、整形,固定在馬蹄上,然後開始釘釘子。釘到第四個馬蹄鐵時,他發現沒有釘子了。

　　「還差個釘子,」他說,「我需要一點時間砸一個。」

　　「我說過我等不及了。」馬伕急切地說。

　　「那我得先告訴你,你如果不等的話,我現在就能把馬蹄鐵釘上,但是不能像其他幾個那麼牢固。」

Part 7　職場情商，找到最佳工作狀態

「那能掛住嗎？」馬伕問。

「應該能，」鐵匠說，「不過我沒有把握。」

「那好，就這樣吧。」馬伕叫道，「快點，不然國王會怪罪的。」

理查國王騎著馬衝鋒陷陣，鞭策士兵迎戰敵人。突然，一隻馬蹄鐵掉了，他的戰馬跌倒在地，理查國王也被掀翻在地上。受驚的馬跳起來向遠處逃去，理查國王的士兵也紛紛轉身撤退，這時亨利的軍隊包圍上來。

理查國王氣急敗壞，他在空中揮舞寶劍，大喊道：「馬！一匹馬！我的國家傾覆就因為這一匹馬！」

一顆鐵釘與一個國家根本無法相提並論，但就是這樣無法相提並論的兩個事物卻產生了關聯：因為一顆鐵釘的鬆動，導致了一個國家的敗亡。細小的、看似沒什麼關係的因素往往能夠對事物起到決定性的作用。在職場中，「蝴蝶效應」仍然發揮著奇妙的作用。

美國福特公司是世界汽車產業的大廠，在整個美國的總體經濟中，它占據著舉足輕重的地位。這樣一家大公司，幾乎所有人都想進入，然而許多人削尖了腦袋都擠不進去的時候，亨利·福特卻用「撿廢紙」這塊敲門磚敲開了公司的大門。

那時候，剛從大學畢業的福特到這家汽車公司來應徵，同來應徵的競爭者學歷都比他高，因此，福特覺得這次多半是沒有希望了。抱著姑且一試的心態，福特敲門走進董事長辦公室面試，當他把門打開的時候，他發現門口地上有一張廢紙，於是就很自然地彎腰把它撿了起來，扔進了旁邊的垃圾桶裡。隨後，福特自我介紹說：「您好！我是來應徵的亨利·福特。」之後他等待著董事長的面試考驗，誰知董事長竟然說：「很好！很好！福特先生，你已經被我們錄用了。」

福特異常驚訝，他向董事長詢問原因。董事長回答說：「福特先生，前面幾位應徵者確實儀表堂堂，而且學歷也比你高，但他們的眼睛只能看見大事，對小事卻視而不見。我認為，看不見小事的人是無法成就大事的。而一個不會忽略小事的人必然能夠透過對小事的不斷累積而做成大事。」就這樣，福特進入了這家公司，開始了他的輝煌之路，他不斷地將小事情做好，之後將公司改名，使美國汽車享譽世界。

　　福特不僅透過「撿廢紙」這件小事情，獲得了眾人夢寐以求的工作，而且在工作中透過對細節的重視，取得了輝煌的成就。

　　高情商的人懂得用蝴蝶效應來創造職場奇蹟，他們明白一個燦爛的微笑，一個習慣性的小動作，一次大膽的嘗試，一次真誠的服務……這種種細節都有可能觸發生命中意想不到的契機，它所帶來的往往不止一點點的喜悅和表面上的經濟報酬，而是一次改變整個人生軌跡、讓自己的事業從此走向輝煌的機會。

利用好職場中的馬太效應

　　羅伯特・弗蘭克在其著作《牛奶可樂經濟學》中曾提到：第二次世界大戰後，高收入者的收入越來越高，而收入較低的人則沒有太大的進步。當前，中等薪資者的實際購買力與1975年的情況相比並無太大差異，但前1%的最高收入的人，其收入卻比1975年的收入翻了三倍，而且收入越高的人，其收入增幅也越大。以美國大企業的CEO為例，在20世紀80年代時，他們的薪資比普通工人高約42倍，而現今卻高出了近500倍。

Part 7　職場情商，找到最佳工作狀態

　　為什麼薪資待遇的增長速度會有這麼大的差別？為什麼收入的差距在不斷地被拉大呢？其實，經濟學中的「馬太效應」能夠給我們一些啟示。

　　在《聖經・新約》的「馬太福音」第二十五章記錄了這樣一個故事：一個國王要外出遠行。這天，他叫來了他的三個僕人，給他們每人一錠銀子，讓他們利用這段時間去做生意。不久，國王回來了。三個僕人來拜見國王。第一個僕人說：「主人，我利用你給我的一錠銀子賺了十錠。」於是，國王獎勵他十座城邑。第二個僕人說：「主人，我賺了五錠銀子。」於是，國王獎勵他五座城邑。第三個僕人說：「主人，我一直珍藏著你給我的那錠銀子，你看，它沒有丟失。」於是，國王將第三個僕人擁有的唯一一錠銀子也賞給了第一個僕人，並且說：「凡是少的，就把他擁有的全部奪過來；凡是多的，就給他更多。」

　　在上面這個故事中，雖然三個僕人一開始的財富是一樣的，但是到最後卻有了天壤之別。這麼巨大的差距是透過兩個階段來形成的：第一個階段是國王回來前，他們憑藉各自的本事和努力去做生意，這時，由於自身的能力因素，差距就已經開始產生了，但並不是太大。第二個階段是國王回來後，國王根據他們的表現對他們進行獎懲，在這種外力的驅使下，他們之間的差距進一步拉大。值得注意的是，第二階段是第一個階段的連鎖效應，而第一個階段是第二個階段的基礎。所以，差異雖然是逐步產生的，但卻是從自身開始的。

　　「馬太效應」是美國科學史研究者羅伯特・莫頓 1968 年提出的，本是用於概括「人們願意幫助聲名顯赫的強者」的一種社會心理現象，它描述了貧者愈貧，富者愈富，贏家通吃的社會現象。

　　在職場中也是這樣的，工作表現好的人，能夠得到好的發展機遇和高

薪；有了好的發展機遇，能夠接觸到更多的人和事，就自然會有更大的機遇在後面等待；有了高薪，就有錢讓自己進修，結識更多、更高層次的人，自然就能讓自己的事業更上一層樓。這就是為什麼職場中，高收入者的薪水比普通人增漲得更快，高職位的人比普通人晉升容易的道理。

任何個體、群體，一旦在某個方面獲得成功和進步，就會產生累積優勢，進而擁有更多的機會去獲取更大的成功和進步。而高情商者通常都是「馬太效應」的忠實執行者，他們從進入職場的那一刻起，就在想方設法地讓自己獲得更多的成功，也因此比別人更容易取得成功。

你需要對上司瞭如指掌

獅王張開了血盆大口，要熊說出牠嘴裡發出的是什麼氣味。

熊直率地說：「大王，你嘴裡的氣味非常不好聞。」

獅王怒吼道：「你竟敢當面譭謗國王，犯了叛逆罪，應該處以死刑。」

說罷，獅子把熊吃掉了。

接著，獅王又問猴子：「我嘴裡發出的是什麼氣味？」

猴子親眼看到熊的下場，趕忙回答說：「大王，這氣味很香，就跟高級香水一樣好聞。」

「你是個會撒謊又會拍馬屁的傢伙！」獅王又大怒地吼道，「凡是不誠實的、愛拍馬屁的大臣都是禍根，絕對不能留下！」

說著，獅子又把猴子吃掉了。

Part 7　職場情商，找到最佳工作狀態

獅子又問兔子說：「我嘴裡發出的是什麼氣味？」

兔子想了一下說：「大王，我今天感冒傷風，實在聞不出您嘴裡的味道，等我感冒好了以後聞了再告訴您吧！」

獅王見兔子的回答無懈可擊，找不到吃兔子的理由，不得不把兔子放了。

這個寓言告訴我們了解上司的重要性。只有對上司有了全面的了解，你才能有效地影響上司，進而為自己的晉升創造條件。

那麼，該怎樣去了解你的上司呢？這就需要充分利用你的觀察力。如果你是一位善於觀察的人，你會花時間去了解上司的工作目標是什麼？個人目標是什麼？他有些什麼壓力？他的長處、短處在哪裡？他的工作方式是什麼？他希望別人的工作方式是什麼？清楚了這些，你就可以揚其所長，抑其所短。如果你的上司精通市場業務，而對財會工作卻有些不甚了解，那麼你可以幫助上司事先做好細緻的財會分析，以便幫助他做出正確的決策。

了解上司的領導風格也是很重要的。上司是希望下屬簡明扼要地彙報工作，還是事無鉅細都要了解？彙報工作時，他是希望下屬提交一份詳盡的書面報告，還是做口頭陳述？甚至有時還應考慮，在什麼時間向上司彙報更合適。

上司可以分為「聽者」和「讀者」兩類。如果你向喜歡聽取口頭彙報的上司提交一份長篇報告的話，那只能是浪費時間，因為他只有在聽取口頭彙報時才能抓住要點。對喜歡當讀者的上司，你談得再多也只是浪費時間，他只有在讀過材料之後，才能聽取你所提出的問題。如果上司需要詳細彙報，那你無論如何也要認真準備。如果上司需要的是建議或者解決問

題的方法，那你做簡單的報告就可以了。

美國前總統小布希比較中意賴斯，因為賴斯知道小布希不喜歡長篇大論，所有的報告只看一頁，賴斯只要把資源整合一下，就可以得到小布希的認可。

那些一路攀升的人往往會花相當多的時間和精力來了解自己上司的性格特點和脾氣秉性。上司有他的性格、愛好，也有他的語言習慣等。有些上司性格爽快、乾脆，有些則沉默寡言，事事多加思考。你必須了解清楚，然後適當地利用領導的性格特點。

對於在職場打拚的人而言，情商高是一種非常重要的職業素養和工作能力。了解自己的上司並不是為了溜鬚拍馬，而是為了更快、更好地將事情做好，把事情做好不正是職場人最根本的職責嗎？

忠誠是職場生存的一大準則

著名管理大師艾科卡在福特汽車公司最艱難的時候被任命為總裁。得益於他大刀闊斧的改革，福特汽車公司終於走出了危機。後來，福特汽車公司董事長小福特卻排擠艾科卡。艾科卡受到了如此不公的待遇，很多人都為他鳴不平，甚至有人建議他給公司「搗搗亂」。然而，艾科卡說：「只要我一天還是這裡的員工，我就必須對我的企業忠誠，我就應該盡心竭力地為它工作，就應該想方設法地使它更好。」最後，雖然艾科卡離開了福特汽車公司，但他回想起自己為福特公司所做的一切時，仍感到非常欣慰。

Part 7　職場情商，找到最佳工作狀態

艾科卡說：「無論何時，忠誠都是職場生存的一大準則。」正因為艾科卡擁有這樣的心理素養，他才能受到那麼多人的尊敬。

那麼，怎樣才是忠誠敬業？要怎樣才能讓公司和上司認同你的忠誠敬業呢？一般來說，可以從以下幾個方面努力。

認同所就職的企業

每一個員工都希望自己得到自己所在公司的認可，這就要求員工必須先認同企業。只有認同了，你才能夠心甘情願地、自動自發地工作，才能在企業這個平臺上更好地發揮。如果你不認同自己所就職的企業，那無異於自己放棄了這個平臺。沒有舞臺，你又怎麼發光發熱呢？

樹立主角意識

英特爾公司總裁安迪・葛洛夫在為加州大學畢業生演講時曾說：「無論你在哪裡工作，都別把自己當成一個受僱者，應該把自己當成企業的擁有者。」在現實中，我們很容易發現，職場上的那些大人物往往是那些以主角的心態對待企業的人。

在公司的培訓課上，我們可能會聽到這樣一個故事。

新娘過門當天，發現新郎家有老鼠。於是，她笑道：「『你們』家居然有老鼠！」幾天後的一個早上，新郎被一陣追打聲吵醒，聽見新娘在叫：「死老鼠，打死你！竟敢偷吃『我們』家的稻米。」

換言之，就是員工進入公司後，都應有「過門」的心態，要樹立主角意識，這樣才能凡事以企業為先，與企業榮辱與共，工作盡職盡責，全力以赴。企業需要忠誠敬業的員工奉獻，員工則需要企業這個平臺來實現自我價值。

自覺維護公司形象

荷蘭飛利浦電器公司前總裁田思達曾明確提出：「我要求企業的每一個員工都要責無旁貸地主動維護公司形象。」所謂企業形象，其實就是企業員工個人形象的集合。

在社會生活中，企業就是員工的名片。當你告訴別人自己在一個企業工作，而這個企業以有信譽、有實力、有發展著稱時，別人就會認為你一定是個優秀的人，不然你怎麼能在這麼好的企業裡工作呢？相反，如果企業的聲譽、形象受到損害，個人的價值也同樣會受到損害。

把忠誠敬業當作職場生存方式

很多人認為：忠誠不過是管理者愚弄下屬，使之甘心賣命的工具；敬業也只是老闆監督員工的手段，真正的受益者只有企業和老闆。事實上，忠誠敬業對員工也大有益處。一方面，因為忠誠敬業的心態能讓員工全身心地投入到工作中，除了能為企業帶來更多的效益外，更重要的是員工能夠從中大大提升自己的工作能力，累積大量的工作經驗；另一方面，老闆也會因為你的忠誠敬業，而真心地對待你、重用你、提拔你，投入精力和資本培訓你，給你以更廣闊的發展空間和更多成功的機會。想想看，能力、經驗、機會、發展空間都有了，你還需要為怎樣在職場生存而擔憂嗎？所以，忠誠敬業就是一種安全有益的職場生存方式。

把職業當事業

職業和事業只有一字之差，卻截然不同。職業是一種謀生的手段，而事業是我們心甘情願地全身心投入，以創造財富和實現自我價值。把工作當成一項成就自己人生的事業去做，為了自己的事業而愛崗敬業、全力以赴，是讓自己的人生價值無限延伸、讓自己的人生更加圓滿的正確途徑。

不為自己的失利找藉口

《沒有任何藉口》一書中，十分強調人的責任感問題。責任是人應盡的義務，不管你扮演什麼角色，都不能罔顧它。責任感是一個人能夠立足於社會、獲得他人認可、取得他人支持，進而成就事業至關重要的人品。

社會心理學家戴維斯曾說過：「如果你放棄責任，就等同於放棄了自身在這個社會中更好地生存下去的機會。」誰放棄承擔責任，或者為自己找藉口，推諉責任，誰就會被社會、被公司遺棄。責任感是一個人立足於職場的根本前提。

那些責任感強的人往往非常容易得到上司的賞識和同事的尊重。一般來說，責任感主要展現在以下兩方面。

首先，每一位職場人都應該把公司當成自己的，要具有主角意識。

在費特曼公司，如果經理問：「辦公室這麼髒，怎麼回事？」如果有員工站起來說：「報告，今天××值日，他沒有打掃環境。」那麼，這個員工一定會被立刻解僱。在費特曼公司，面對這種情況，幾乎所有的員工都會這樣說：「對不起，經理，我立刻打掃。」

其實，不僅是費特曼公司如此在乎員工的主角意識，幾乎所有的企業都很在意員工的主角意識，這是有心理學原因的。

心理學家達利與拉塔內提出的「旁觀者效應」就是對「不負責任」的一種詮釋。他們認為，當出現問題時，如果在場的人有很多，則大多數人是站在旁觀者的角度來看問題，所以在眾人中，真正積極行動起來解決問題的人占極少數。

不為自己的失利找藉口

「旁觀者心理」如果成為企業員工的慣性的話，是非常可怕的。如果所有的員工都置身事外，發現了問題不彙報也不解決，就會使企業運作效率低下，甚至無法正常運作。而員工呢？「覆巢之下，焉有完卵」。

主角意識是公司提倡的，也是職場人在職場中生存所需要的。只有當你把公司當成自己所有的時候，你才能很自然地主動承擔責任，才會自覺遵守公司的規定而不以為苦；才能積極主動地完成自己的分內工作；才能在合適的時候挺身而出，不畏懼工作的艱辛，承擔更多的責任，以減輕主管和組織的負擔……只有每一個員工都有了主角意識，公司才能夠擁有強大的合力，快速地發展壯大，同時員工也才能獲得更大的職場發展空間。

再則，一個有責任感的人不僅主角意識強烈，而且會拒絕為自己找任何藉口。

在工作中，你是否會習慣性地說下面這些話呢？

「那個客戶太挑剔了，根本就沒法和他做生意。」

「我可以早到的，如果不是路上塞車。」

「我沒有按時把事做完，是因為……」

「時間太緊啊。」

「現在是休息時間，半小時後你再來電話。」

「這不是我的職責。」

如果答案是肯定的，說明你是不負責任的，你必須做些什麼來改變這種情況，才能在職場中更好地生存下去。

「沒有任何藉口」是西點軍校奉行的最重要的行為準則，即使某些合理的藉口，在西點軍校也是被拒絕的。正是因為如此，西點軍校的學員們

Part 7　職場情商，找到最佳工作狀態

才能擁有強大的適應能力和毅力，以及強大的責任感和高效的執行力。

在工作中，當自己把某件事情辦砸了，或者忘記了的時候，許多人就開始用諸如「塞車」、「家裡孩子生病了」、「平臺不行」、「行銷方案不好」等藉口來讓自己心安理得。然而，這只是一面敷衍別人、原諒自己的「擋箭牌」。隨著時間的推移，你就會發現，「藉口」給自己帶來的是怎樣的窘境：上司、同事不再信任你，重要工作都不會經你的手，升遷、加薪機會渺茫，你儼然成為一個可有可無的人，一有風吹草動就擔心自己會上裁員名單。

藉口是一副掩飾弱點、推卸責任的「萬能器」。它會把你變成一個不負責任、無擔當、無所作為的人。藉口總是將「不」、「不是」、「沒有」等否定性的詞和「我」聯繫在一起，久而久之，它就會腐蝕掉你的自信，讓你的能力下降。藉口將所有的錯誤都合理化，漸漸地，它就會把你帶入歧途。

因此，要想在職場中立穩腳跟，就一定不要為自己的失利找藉口，而是要努力找出導致失敗的原因，努力修正，一點一點地把自己修正得更完美，這樣才能一步步地走向輝煌。

大智若愚，維護他人的「自我」

迪斯雷利曾經擔任英國首相，是出類拔萃的大政治家之一。然而，在一開始的時候，幾乎整個英國下議院的人都討厭他。他們認為這個穿著光鮮奪目的衣服、繫著金鍊子四處招搖的人，只是個虛有其表、不尊崇優良

傳統和習俗，而且還喜歡自作聰明的浪蕩子弟。他們覺得自己遭到了迪斯雷利的無禮冒犯，因此十分討厭他。

那段時間，人們看他的目光總帶有敵意。那麼，迪斯雷利是怎樣擺脫這種困境的呢？

為了改善這種狀況，在那幾個月的時間裡，他故意將自己的才能隱藏起來，做了幾次愚蠢的演說，讓自己出了幾次醜，進而成功化解了那些人的敵意。在那幾次演講中，迪斯雷利表現得十分笨拙，邏輯混亂，思路模糊，例證過於瑣碎，事無鉅細，他將所有的數目、日期、評估統計等像倒豆子一樣，全部說了出來。一時之間，他成為整個英國下議院的笑柄。

然而，當時的迪斯雷利並不為此而苦惱，這正是他樂於看見的。而接下來，他只要適當地進行一場漂亮的演說，就能夠徹底扭轉那些英國下議院議員的態度。

事實證明，他的策略成功了。迪斯雷利犧牲了一些「自我」，以慰藉曾經被他傷害到的人的「自我」，使他們恢復心理平衡。

在職場中，許多人認為，由於存在利益關係，因此要想贏得他人的善意並不容易，常常是一出頭就會成為眾矢之的。其實，一些人之所以會成為被打的「出頭鳥」，是因為過於自負，總認為自己是最偉大的，過於抬高「自我」，他們甚至在某種程度上傷害了他人的「自我」。導致這樣的行為的根本原因是人的「自我中心意識」。

美國合唱團的指揮湯姆林森有一個女學生，很有音樂才華。湯姆林森相信，如果這位學生能夠虛心地遵從自己的指點，能夠至少少花 5 年的時間獲得成功。可是，每每湯姆林森指點她時，她總是竭力地想讓湯姆林森明白，自己早已經熟悉了湯姆林森教的東西，這使得湯姆林森十分苦惱。

Part 7　職場情商，找到最佳工作狀態

著名的心理專家米切爾博士聽完這個故事後說：「人們總習慣在人前顯露自己的精明和風光，他們從未意識到，這樣會給他人造成什麼樣的感覺，也從未覺得這樣做有何不妥。」

的確，人的「自我」在任何時候都是排第一位的，這種自我的重要性驅使著人們去表現自我、去超越自我。然而當自我表現欲超出控制的時候，就會帶來極大的負面影響，會使個人的人際關係變得非常糟糕。要知道，他人的「自我」同樣是不容忽視、不可傷害的。而那些在職場中左右逢源，即使「出頭」也受人愛戴的人，都懂得如何巧妙地抑制住他的「自我」。

著名管理大師泰勒，即使是與下級談話的時候，他也不會一口一個「我」字。

美國前總統林肯在與道格拉斯那場著名的辯論中，儘管自己妙語連珠，但他仍然稱自己一無所知，只是受了道格拉斯的啟發而已。

著名政治家和外交家海伊・約翰在與人談話的時候也總是表現得十分謙遜，即使是他言行中的亮點，他也總是表現得好像是從對方那裡獲得的靈感，而他自己其實是很平凡的。

……

在職場中，要想做不被打的「出頭鳥」，就一定要注意維護好他人的「自我」。在無關緊要的事情上故意表現得愚笨些；在那些關鍵時刻充分利用你的聰明才智取得成功，但是一定要保持低調。大智若愚才能不威脅到他人的「自我」，才能成為不被打的「出頭鳥」。

成果需要分享，千萬別吝嗇

美國羅伯德家庭用品公司採用利潤分享的分配制度，每年的盈利都會按比率分配給每一個員工，簡單說就是公司賺得越多，員工也就分得越多。員工明白了「水漲船高」的道理，為了自己的錢包更加飽滿，人人奮勇，個個爭先，積極生產不說，還隨時隨地注意節約原料、減少不合格產品的比率。8年來，這家公司的利潤一直以十分驚人的速度增長，利潤增長幾乎每年都保持在18%~20%這樣的高水準。

由此可見，與人分享成果才能夠獲得他人的支持。榮譽和成果誰都喜歡，然而不應該忘記的是，它們是眾人共同努力的結果。因此，在職場中千萬不可獨占功勞，否則別人會覺得你是貔貅、是鐵公雞、吃獨食、搶功勞，也會因此而討厭你、疏遠你。當然，如果你真的只是靠一己之力取得的成功，自然可喜可賀，但是也要低調，否則惹得人家「眼紅」，後果也是極為嚴重的。

卡凡森是一家出版社的主編，他手下還有幾個編輯協助他的工作。卡凡森是個很有才氣的人，而且在單位裡人緣也很不錯，上上下下都喜歡他。有一次，他主編的雜誌在一次評選中獲了大獎，他覺得高興極了，也很自豪，因此逢人便提自己的努力與成就，同事們當然也向他祝賀了。但是，漸漸地，他發現單位同事，不管是上司還是屬下，似乎都在有意無意地給他穿「小鞋」，總和他過不去，或者迴避他。而他也失去了原本的快樂。

卡凡森犯了什麼錯，招致他人這樣的對待呢？他所犯的錯誤就是「獨享榮耀」。就事論事，一份好雜誌不可能靠主編一人之力就能完成，這離

Part 7　職場情商，找到最佳工作狀態

不開屬下的辛勤勞動，也離不開上司的大力支持，這份榮譽本來是屬於大家的，而卡凡森一個人搶了過去。試想誰會喜歡搶了自己東西的人呢？尤其是他的上司，不僅有被人搶東西的不快感，還有害怕卡凡森搶去自己位置的不安。

當與朋友一起取得某項成果時，切忌「獨享」。否則，本來是值得慶幸的成就，反而會成為讓同事、上下級之間產生隔閡的罪魁禍首。從心理學的角度說，獨享成果等於否定了夥伴的努力和付出，否定了夥伴的「自我價值」，威脅到了夥伴的「自我」。這樣勢必會引起夥伴的反感，使夥伴關係很難繼續發展下去。因此，當你得到成果時，應該做到以下幾點：

與人分享

有物質成果，就給每個相關的人都分上「一杯羹」，多少都沒有關係。即使沒有物質成果的分享，口頭上的感謝也是必需的。或許這個成果未必人人都看得上眼，但分享是一種禮節，是尊重相關人員的展現，同時也是自己不忘本的一種表現。善於與人分享，別人才會覺得你為人很不錯。

感謝他人

看看奧斯卡領獎臺上、金馬獎領獎臺上那些得獎的明星是怎麼說的吧，「我很高興！但我要感謝……」這是一種標準的模式。要感謝同仁的協助，更要感謝上司，感謝他的提拔、指導、授權，因為你的事業前途有一部分掌握在他的手中，不要獨自攬功上身。即使同仁的協助有限，上司也不值得恭維，你的感謝還是不可缺少的。

為人謙卑

在成果面前，一定要謹防「樂極生悲」。試想，如果有人在你旁邊不停地叫囂自己有多麼厲害、能力有多麼強，你會不會討厭他？當然，因為你正在風頭上，旁人是不會明明白白表現出對你的厭惡的，不過長此以往，你的日子將會很難過。因此取得成果時，要更加謙卑、低調。

其實，與他人分享成果實質上就是一種示好，代表「我們是同盟，有福同享、有難同當」，是一種表示誠意的方式。學會與他人分享成果才能不被他人排擠，也才能安然地立足於職場。

學會拒絕，才能更好地完成分內工作

《一分鐘經理碰上猴子》書中有一段這樣的描寫：

經理在走廊裡碰到一位部屬，這位部屬說：「我能不能和您談一談？我碰到了一個問題。」於是經理便站在走廊裡專心聽他細述問題的來龍去脈，一站便是半個小時，經理既耽擱了原先要做的事，還發現所獲得的訊息只夠讓他決定要介入此事，但並不足以做出任何決策。於是經理說：「我現在沒時間和你討論，讓我考慮一下，回頭再找你談。」

在這個案例中，猴子原本在部屬的背上，談話時彼此討論，猴子的兩隻腳就分別搭在兩人的背上，當經理表示要考慮一下再談時，猴子便移轉到經理背上。

經理一旦接收部屬該看養的猴子，他們就會以為是經理自己要這些猴子的，因此，經理收得越多，他們給得就越多。於是經理飽受堆積如山、

Part 7　職場情商，找到最佳工作狀態

永遠處理不完的問題困擾，甚至沒有時間照顧自己的猴子，努力將一些不該擺在第一位的事情做得更有效率，平白讓自己的成效打了折扣，而所有的麻煩都起源於經理允許猴子跳到自己的背上。

職場上到處都是猴子，都是任務和責任。你即使有三頭六臂也不可能面面俱到。所以，一個高情商的職場人只挑自己真正應該關心的猴子，其他的猴子仍由別人照顧。如果他們不打算處理，你也不要幫助他們解決問題。偶爾伸出援手並沒有什麼不好，但是，如果允許別人的猴子跳到你的背上，那你自己就有麻煩了。如果別人的猴子騎在你的背上，你乾脆把它扔下去，猴子自有去處，不用你操心。

如果不是不可推脫的事情，就不要接手任何人推給你的問題或責任；如果你接受所有找上門的問題，你自己分內的工作將很難順利展開，這樣將很難在職場中生存。

職場中，那些不懂得說「不」的人，常常會被很多無謂的人和事所累，進而偏離「贏」的正軌。然而，貿然說出「不」又有可能為自己引來不必要的爭端，這或許也正是你的顧慮所在。掌握下面的心理工具，能夠讓你擺脫這個煩惱。

在人際心理學中有個非常重要的「互惠原則」，即別人對你好，你往往也會對別人好；而你對別人好，別人往往也不會對你太差。如果別人對你好，但你對別人不好，你就會覺得虧欠了別人，進而引起心理失衡。在這裡，我們不妨將互惠法則反過來用。

「互惠原則」正著用是「投桃報李」；反著用就是「以眼還眼、以牙還牙」。比如說你剛剛用「不」拒絕了對方的請求，那麼此時，對方心裡一定非常難過。不過你可以立即請對方幫你的忙，請對方幫一個他根本不可能

會幫的忙，那麼對方也會拒絕你。這樣對方用你對待他的方式對待了你，心裡的不痛快也就不存在了，他的心理也就重新找回了平衡。這樣就像變戲法一樣，把對方心理上因你的拒絕而產生的不快化為無形了。

舉個例子，有個同事請你幫他完成一份報表。你說：「哦，不行，因為我還有許多工作沒有做完。不過很高興你拿我當自己人看，找我幫忙。對了，下星期我出差不在公司的時候，能不能請你幫忙料理一下我的事務？」現在你的同事只會對你說抱歉，並且找個藉口說明他為什麼拒絕幫助你。

這是一種非常有效的拒絕別人，但不會讓對方心裡不舒服的方式。一方面，在對方拒絕了你的請求以後，會覺得非常尷尬，也就不好意思再硬要你去幫他什麼，你採用這樣的方式拒絕了他們之後，他們很難再跟你爭辯什麼；另一方面，採用這樣的方式拒絕對方，不會導致對方心理失衡，進而引起對方對你的敵意；再則，因為他也拒絕了你，也可以避免你自己陷入內疚的折磨之中。

值得注意的是，在使用這個技巧時，你必須加入一個神奇有效的成分，即「因為」。這是你的擋箭牌。

1978 年，心理學家們透過反覆研究發現：「因為」這個詞有著驚人的力量。

研究人員想插隊使用影印機，他們對排在自己前面的人說：「對不起，我可以先用影印機嗎？」這時，會同意他們要求的人不到一半。然而，換一種說話方式的話，他們會說：「對不起，我可以先用影印機嗎？因為我要影印。」表面上看，兩種方式之間並沒有什麼不同，後者只比前者多了一個「因為」，令人驚訝的事情發生了：幾乎所有人都同意他們插隊。

Part 7　職場情商，找到最佳工作狀態

其實，研究人員的「因為」並沒有解釋清楚原因，甚至可以說是一句廢話。用影印機當然是為了影印，還需要說「因為要影印，所以要使用影印機」嗎？不過「因為」確實產生了效果。這是為什麼呢？在潛意識中，人們堅信「因為」後面的解釋都是有效的。因此，只要聽到「因為」，人們潛意識的「接受神經」就會被觸動，這是人類心理上的一種條件反射。

也就是說，當你拒絕別人的時候，除了要給予對方一個拒絕你的機會，還要用上「因為」這個詞。

另外，如果你不確定自己是否有足夠的能力幫助對方，那麼，這時千萬不要說「我不確定」，或者「我考慮考慮」之類的話。因為對方會認為你在搪塞他，那麼無論你最後是否幫了對方，對方都會對你產生反感。你沒幫上忙，他會覺得「故意浪費我的時間，幫不上忙還那麼多廢話……」；幫上了，他也會覺得「這個人真不實在，明明能幫，開始還那樣推托……」。因此，最聰明的回應是：「好！」乾乾脆脆地答應對方。能幫自然最好，幫不上他也會覺得你已經盡力了。

身在職場，並不是你一直保持態度低調、謙恭有禮、唯唯諾諾就可以贏得別人的認同。與同事相處就像跳舞一樣，需要有進有退，這樣舞步才能跳得漂亮。

學會做職場中的「懶螞蟻」

生物學家發現蟻群中一個奇怪的現象：在蟻群中，雖然極少，但也有懶傢伙。當大部分螞蟻賣力地尋找、搬運食物時，懶傢伙們卻東張西望不

幹活。然而,當突發事件發生的時候,比如食物來源斷絕或蟻窩被破壞,勤快的螞蟻們往往一籌莫展,而「懶傢伙」們卻開始大顯身手,帶領眾螞蟻朝著牠們早已偵察到的新食物源出發。因此,不少學者認為,在蟻群中「懶傢伙」們更為重要,這就是所謂的「懶螞蟻效應」。同理,那些注重觀察和思考,能夠掌握發展趨勢的人在職場中往往能夠爭取到更為重要的職位。

對一顆從樹上掉下來的蘋果進行思考,牛頓發現了萬有引力;對蒸汽將鍋蓋頂起進行思考,瓦特發明了蒸汽機,進而帶來了一場改變世界的工業革命⋯⋯諸多的事實證明,善於思考能夠為你的事業成功新增砝碼。

一個人如果不善於思考,那麼無論他的學識有多麼淵博,他工作學習是多麼刻苦勤奮,他都很難創新和突破。成功往往更加青睞那些眼光敏銳、思維活躍、具有獨立性和創新精神的人。

很多年前,穿越大西洋底的一根電報電纜因為破損需要更換。這則小訊息被眾人廣為傳播,大家都當熱鬧一樣聽過了、說過了就完了。但是,一位不起眼的珠寶店老闆卻做了一個讓眾人跌破眼鏡的事情,他毅然買下了這根報廢的電纜。

許多人都說這個老闆一定是瘋了,然而,他卻是經過了深思熟慮以後才做出這舉動的。他將那根電纜洗淨、弄直,然後剪成一小段一小段的,再分別裝飾包裝起來,作為紀念物出售。結果,他輕輕鬆鬆地賺了一大筆錢。

後來,他用賺來的錢買下了歐仁妮皇后的一枚鑽石。那是一顆閃爍著淡黃色華彩的稀世精品。也許你會猜,他一定把這顆鑽石高價轉手了。其實不然,他幾經思考,最後決定以這顆鑽石為主角,籌備一個首飾展示

Part 7　職場情商，找到最佳工作狀態

會。當然，事實證明他的決定是明智的。夢想一睹皇后的鑽石風采的參觀者從世界各地蜂擁而至。這次，他又毫不費力地為自己累積了財富。

那麼，這個赤手空拳贏得天下的人是誰呢？他就是被稱為「鑽石之王」的查爾斯・劉易斯・蒂芙尼。

我們常說「三思而後行」，意思是說我們在工作和事業上要善於思考。事實上，如果想一次就把事情做好，最重要的一條就是做事前的「三思」，多想一想採用什麼辦法才能達到最好的效果。那些懶於思考、不善思考的人，做起事情來往往是事倍功半。

有一名學生非常勤奮，常常在實驗室裡一泡就是一整天。他的導師見到這種情況，就問他：「清晨你在幹什麼？」「我在做實驗。」「那麼上午呢？」「也在做實驗。」「那下午呢？」「還是在做實驗。」「晚上呢？」「也是在做實驗。我每天早晨5點起床，然後立即趕到實驗室來做實驗，一直到晚上12點才上床休息。」

教授又問：「那麼，你什麼時候思考呢？」瞬間，學生明白了，無論怎樣努力地做實驗，得到的都只是一大堆毫無意義的資料，必須要透過思考，才能使實驗數據有意義。

現代人越來越重視思考，甚至已經喊出了一個響亮的口號：「我思考，我存在！」

在職場中，思考能讓我們以最少的投入獲得最多的回報，能夠讓我們的工作效率大幅提高，進而使我們脫穎而出。

1946年，一對猶太人父子來到美國，在休士頓做銅器生意。一天，父親問兒子：「你知道一磅銅的價格是多少？」「35美分。」父親說：「對，德州的每個人都知道每磅銅的價格是35美分，但作為善於思考、以智慧

著稱的猶太人，你應該回答 3.5 美元，甚至更多。」

父親的話讓兒子感觸很深。此後 20 年裡，兒子把銅做成各種成品，比如鼓、瑞士鐘錶上的簧片，甚至是奧運獎牌，他曾把一磅銅賣到 3500 美元。他就是麥考爾公司的第一位董事長，那位將紐約州的一堆垃圾賣到 350 萬美金的人。

1974 年，美國政府為清理給自由女神像翻新扔下的廢料，向社會廣泛招標。由於環保組織對垃圾處理有嚴格的監管，幾乎所有人都認為這是費力不討好的工程，於是好幾個月過去了，也沒人投標。當時，那位董事長正在法國旅行，聽說後他立即趕往紐約，看過自由女神下堆積如山的銅塊、螺絲和木料後，未提任何條件便當場簽了字。

許多自以為精明的生意人都因為他的愚蠢舉動而暗自發笑，等著看他被環保組織刁難的窘樣，也等著看這個猶太人的笑話。沒有人明白他所做的一切都是深思熟慮過的。他按照自己想的那樣，把廢銅鑄成小自由女神像，把水泥塊和木頭加工成底座，把廢鉛、廢鋁做成紐約廣場的鑰匙，甚至把從自由女神身上掃下的灰塵都包裝起來，出售給花店。不到 3 個月的時間，他把這堆人人避之唯恐不及的廢料，變成了人人眼饞的 350 萬美金，一舉揚名。

人們常說，成功沒有捷徑。是的，這無可否認，任何投機取巧的行為都有可能讓你得不償失，然而條條道路通羅馬，在面對多條道路選擇的時候，透過觀察思考可以讓你找到最近的那一條。因此，在職場中，我們一定要善於思考，要找到最有效率的工作方法，找到那條最短的成功之路。

Part 7　職場情商，找到最佳工作狀態

壓力適度才有效率

梅琳是某大型集團分公司一位非常優秀的人力資源主管，頂頭上司對其工作表現和能力讚不絕口。這次集團總經理到各個分公司視察工作，上司想讓她在大會上做相關工作彙報，藉此機會推薦她去另外一個分公司任人力資源總監。

對於梅琳來說，這是非常難得的晉升機會，所以她非常重視。在她的企盼中，這一天終於到來了，她懷著緊張而興奮的心情出席了會議，並做了工作告報。然而出乎她意料的是，在彙報的時候，一向從容的她竟然心跳加速、小腿發抖，漏掉了許多之前已經背得滾瓜爛熟的要點。蹩腳的表現讓她與這次晉升機會失之交臂。

一直都表現優異的梅琳為什麼會失誤呢？其實，在一顆平常心之下，梅琳自然可以正常發揮自己的水準。然而面對得失，太想獲得晉升機會的心態讓梅琳失去了平常心，壓力過大，以致影響了發揮。

與梅琳不同，韋伯卻因為沒有壓力，而使得自己的工作效率低下。

韋伯從事財務工作多年，從進入公司的第一天起，他就將成為公司的財務總監作為了自己的目標，而他也一直為此努力著。經過自己的不斷努力，他終於達成了願望。然而，多年的願望一夕成了現實，欣喜之情當然不言而喻，可是他卻陷入了迷茫中。沒有壓力就沒有動力，在工作中，他好幾次出錯，如果不是查核人員細心，就很有可能會給公司帶來很大的損失。

在職場中，相信每個人都曾經歷過或者碰過類似的情況。那麼，壓力

與工作效率之間到底存在著怎樣的關係呢？

梅琳的失誤和韋伯的低效率都可以用心理學理論中的「耶基斯－道森定律」來解釋。

1908 年，心理學家耶基斯和道森透過動物實驗發現：個體智力活動的效率和個體焦慮水準之間存在著一定的函數對應關係，表現為一種「倒 U 形」曲線。換言之，當工作難度提高時，個體焦慮水準也會增加，進而帶動個體積極性、主動性，增強克服困難的意志力，此時焦慮水準能夠對效率造成促進作用；當焦慮水準為中等時，能力發揮的效率最高；而當焦慮水準超過了一定限度時，過強的焦慮造成個體的心理負擔，進而對能力的發揮又會產生阻礙作用，使效率降低。

也就是說，壓力感過輕或過重都會對工作效率產生不利。壓力感過輕會使人過於放鬆，忽略了防範風險，同時還有可能使人養成迴避責任的習慣，這對於職業發展來說是非常不利的；而壓力感過重，也會影響正常水準的發揮，導致工作效率低下。因此，對於職場人來說，要善於管理壓力，將自己所承受的壓力控制在適度的水準，這樣才能讓自己集中注意，提高忍受力，增強身體活力，減少錯誤的發生，進而提高工作效率。

你需要「適度宣洩」

心理學中有一個非常重要的實驗者效應──「霍桑效應」，也有人稱為「宣洩效應」，或者「實驗者效應」。

霍桑是 1920 年代美國芝加哥郊外一家生產電話交換機的工廠。這家

Part 7　職場情商，找到最佳工作狀態

工廠設備先進，各種生活和娛樂設施十分完備，員工的各種福利也非常不錯。但是，令廠長不解的是，在這樣優越的工作條件下，工人們的生產效率卻長期低下。

面對這個奇怪的現象，1924 年 11 月，美國國家研究委員會組織了一個專家小組（包括心理學專家在內的各個領域專家）對其進行實驗研究。

研究初期，專家們把注意力集中在工作條件和生產效率之間的關係上，他們把工廠員工分為實驗組和控制組。然後，對工作條件進行各種改變，觀察員工生產效率的變化情況。

結果，不管將工作條件變差或者變好，實驗組生產效率都會上升，而且工作條件維持不變的控制組工作效率也有提高。這樣的結果完全反應不出工作條件的好壞對生產效率有直接影響。

很快，實驗研究進行到第二個階段。這個階段的實驗領導者是哈佛大學的梅奧教授，由他來重點研究社會因素與生產效率之間的關係。

梅奧教授挑選了「繼電器裝配組」的 6 名女工做為實驗研究對象，然後開始了長達一年多時間的實驗觀察。

首先，女工們被要求在一個一般的工廠裡工作兩個星期，便於專家測出她們的正常生產率。

接著，專家嘗試對女工做以下改變，並觀察生產效率的變化情況：

(1) 將女工的薪水依據工廠整體產量的薪資支付方法，改為依據個人產量計算。

(2) 在工作中，安排女工們上午、下午各休息一次，每次 5 分鐘。

(3) 把女工們的休息時間從 5 分鐘延長到 10 分鐘。

(4) 把休息次數從上午、下午各一次增加到一天6次。

(5) 公司為女工提供一頓簡單的午餐。

(6) 允許女工們在保證產量的前提下，提前半小時下班。

(7) 建立了每週工作五天的制度。

(8) 前面所做的變化全部取消，重新回到實驗最初的時候。

結果顯示，女工們始終保持了高產量，而工作的積極性也始終呈上升趨勢。即使當最後她們的一切優待被取消之後，她們的生產效率也沒有下降。

在整個實驗過程中，許多因素都變了，但是女工們的生產效率卻表現得相當穩定，也就是說，必然有一種相對穩定的因素在維持著她們的工作積極性。幾經思考後，梅奧教授得出了這樣的結論：生產效率的提高主要是由於女工們的精神狀態發生了巨大的變化。女工們被挑選出來，並被研究人員所關注著，她們覺得自己對於公司來說是非常重要的，進而使女工們得到了社會角度方面的激勵，促進了生產效率的提高。

隨後，在此基礎上，專家們又展開了一次涉及面更廣、為期更長的「談話實驗」。

在「談話實驗」中，專家們對廠內2,100名員工進行了採訪。

起初，他們按事先設計的提綱提問，以了解員工對工廠管理、福利等方面的意見，不過生產效率沒有什麼明顯提高。

後來，專家們將以提綱為基礎的問答談話方式改為由員工們自由抒發意見，想說什麼就說什麼；同時，原來一個專家對多個員工的談話方式變成了一個專家對一個員工的單獨談話模式。在談話過程中，專家要耐心傾聽，認真記錄員工們對廠方的各種意見和不滿，不得反駁和訓斥。

Part 7　職場情商，找到最佳工作狀態

在為期兩年的實驗週期裡，專家們前前後後與工人談話的總數達到了兩萬餘人次。而這一次，整個工廠的產量大幅度提高。

最後專家們得出這樣一個結論：當某個人受到大眾的關注或注視時，或者心情暢快地做事時，學習和工作的效率就會大大增加，這就是我們所說的「霍桑效應」。

人不單純只是「經濟人」，並不只受經濟利益驅動；人還是「社會人」，是複雜的社會關係中的一員，來自社會關係中的積極因素同樣能夠給予人強大的動力支持。這也就是在現代企業管理中，提倡領導者要多和下屬談話溝通的原因。在談話溝通的過程中，下屬們感到被關注，同時，他們還發洩了心中的不滿情緒，提出了合理化建議，這樣下屬們就會擁有一個積極舒暢的心情，進而工作幹勁高漲，使工作效率提高。

在職場中，每個人都不可能將工作做得盡善盡美，總會有許多讓我們覺得不如意的地方，我們會因此產生不滿、自暴自棄等負面情緒。這時，如果強制壓抑往往會使工作效率陷入惡性循環狀態，進而對事業發展產生不利影響。因此，當你感到壓抑的時候，一定要給自己找到一個合適的宣洩管道。你可以主動去找相關負責領導人進行交流，也可以和同事進行溝通……總之，為了保持高效率的工作，保證自己的事業發展順利，一定不要過分壓抑自己，要懂得適度和外界進行交流溝通，宣洩自己的不良情緒。

「鈍感」是職場人的必備能力

所謂「鈍感」就是遲鈍。說到這裡，可能會有很多人覺得奇怪，你也許會認為，在發展如此迅速的時代，遲鈍哪有可能會是好的情商特質？這似乎顛覆了一般人的社會常識。

事實上，在各行各業中取得成功的人的個人能力背後，都隱藏著有益的鈍感。鈍感是一種不可缺少的個人才能，是一種能讓個人才華開花結果、發揚光大的力量。

首先，鈍感能夠幫助我們排除工作中的干擾因素。

日本著名作家渡邊淳一曾講述了這樣一個真實的故事：

在他就讀的醫學院中，有一位教授醫術高明，但是，在傳授學生知識的過程中，他總是不斷地嚴厲指責他的學生，尤其是擔任自己手術助手的學生被罵得更加厲害。這令很多學生都對他退避三舍，都很怕被安排做教授的助手。

然而，渡邊淳一的一位學長卻似乎遲鈍得完全感覺不到教授的喝斥，總是輕聲答覆「是、是」，他只專注於掌握教授手術中的要點，對其餘的「雜音」充耳不聞。在整個手術過程中以及手術完成後，這位學長的心情也完全不受影響。

多年後，這位「鈍感」優越、經得住責罵的學長，成為一位極為出色的外科醫師。

其次，鈍感能幫助我們降低挫折感，盡快走出挫折並持續前進。

一個不具鈍感的人是很難從挫折中走出的。當失敗已成定局，敏銳的

Part 7　職場情商，找到最佳工作狀態

人潛意識會牢牢記住這種痛苦，不斷地在這上面糾纏，難以像從未被失敗傷害過一樣去大膽地嘗試、實踐，而是變得畏首畏尾，自然也就很難擺脫挫折。鈍感卻可以直接將失敗的傷害擋在心門之外，令人依然積極進取、大膽嘗試，進而很快走出困境。

再者，鈍感還是負面情緒的最佳擋箭牌，使我們遠離「亞健康」。

在職場中，即使被上司責罵，也能夠充耳不聞，馬上拋到腦後；即使面對非常事件，也能夠像一個沒事人一樣，睡得甜、吃得香，始終保持開朗輕鬆的狀態，冷靜、理智、從容地解決問題，這樣的「大將之風」都要歸功於個人的鈍感。因為感應遲鈍，所以不會對負面情緒過於在意，自然也就容易讓負面情緒煙消雲散。

由於負面情緒對我們的傷害不能持續、深化下去，我們的身心也就比較容易恢復，進而不會被負面情緒逼進「亞健康」的狀態。

還有研究指出，與敏感的人相比，鈍感強的人更易獲得快樂，而人體在快樂的情緒狀態下合成血清素（一種減緩憂鬱等負面情緒的化學物質）的效率會大幅度提高。

無法否認，職場並不是一個令人輕鬆的地方，我們所要面臨的困難和挑戰也許是自己無法預計的，但是只要有了「鈍感」護駕，還有什麼好擔憂的呢？學會對傷害我們的負面情緒和事件「聽而不聞，視而不見」，讓自己具備「讓人無入而不自得」的鈍感吧。鈍感是職場成功者必備的情商力，也是在職場飽受困擾，甚至被打下浪底泅泳的人，蓄積翻身、站上潮流的力量！

走出自己的舒適區

在職場中奔波了幾年的你，或多或少都聽到過，或者有過這樣的疑問：對自己的工作感到不滿意，為什麼卻仍然在繼續，而沒有更換？為什麼那些擁有良好職業習慣的人成功容易，而對於沒有具備良好職業習慣的人來說，成功那麼難？

其實，所有的困惑都可以用「路徑依賴」理論來解釋。

美國經濟學家道格拉斯·諾斯是明確提出路徑依賴理論的第一人。他因為運用路徑依賴定律成功地闡釋了經濟制度的演進規律，進而獲得了1993年的諾貝爾經濟學獎。諾斯認為，事物一旦進入某一路徑，就可能對這種路徑產生依賴，依賴的產生則是報酬遞增和自我強化的作用使然。換言之，人們一旦選擇走上某一路徑，就會在以後的發展中不斷地自我強化，沿著既定的路徑，經濟、政治、個人都可能進入良性循環的軌道，迅速優化；然而，如果一開始選擇的路徑是錯誤的，那麼就有可能沿著錯誤路徑往下滑，甚至被「鎖定」在某種無效率的狀態下，進而導致停滯，想要從「鎖定」狀態脫身是十分困難的。

現實生活中，有許多路徑依賴現象的例子，其中，「馬屁股」的影響最能夠說明路徑依賴規律的。

我們都知道火車行駛的鐵路兩條鐵軌之間的標準距離是四英呎又八點五英寸，為什麼不是其他寬度，非要採用這個標準呢？原來，最早的鐵路是由建電車的人設計的，而電車的標準輪距正是四英呎又八點五英寸。

那麼，電車的輪距為什麼要確定為四英呎又八點五英寸呢？這是因為

最初的電車是由造馬車的人設計的。

馬車又為什麼採用這個輪距標準呢？據說這是因為英國馬路上的車轍痕跡的寬度是四英呎又八點五英寸，如果馬車使用其他輪距的話，輪子很快會在英國的老路上被撞壞。

這些轍跡的距離又是怎樣決定的呢？這些古老的馬路大都是由古羅馬人為他們的軍隊鋪設的，而他們的戰車的寬度就是四英呎又八點五英寸。而戰車的寬度是由拉著戰車的兩匹馬，屁股的寬度所決定的。

馬屁股的影響還不止於此。就連美國太空梭燃料箱兩旁的兩個火箭推進器的距離也是四英呎又八點五英寸。

由此可見，對於一個人的職場生涯來說，一個對的「入行」、一個好的開始有多麼重要，因為一個人一旦習慣了某種工作狀態和職業環境，並且產生了依賴性，那麼即使後來發現一開始的選擇並不適合自己，此時想要再重新做出選擇，會喪失許多既得利益，甚至大傷元氣，從此一蹶不振。因此，沒有一個好的開始，是很難有所作為的。

「少成若天性，習慣如自然」，在職業生涯中，要擺脫路徑依賴的影響是非常難的。一旦選擇了自己的「馬屁股」，那麼事業軌道可能就只有四英呎八點五英寸寬。雖然，隨著時間的推移，我們可能會對這個寬度感到不滿意，但是卻很難改變它。所以，在開始時慎重選擇「馬屁股」的寬度是非常重要的事情。

當然，路徑依賴的「魔咒」並非不能被打破。就像史瓦辛格，他擺脫了影壇霸主的身分，走上政壇，開啟了自己職業生涯嶄新的一頁。因此，只要有足夠的勇氣和信心，路徑依賴所產生的禁錮並非不可突破。

心理學研究指出，一個人日常活動的 90% 已經透過不斷重複某個動

作，在潛意識中轉化為程式化的慣性。也就是說，不等你思考，它便自動運作了。這種自動運作的力量，即為習慣的力量。因此，如果你正在選擇自己的「馬屁股」，那麼就請慎重吧！如果你對自己的職業感到不滿，那麼就請拿出勇氣和信心來竭力去改變它吧！

EQ 玩家，心理學破解人生難題：
反向心理調節法！99%的憂慮無需擔心，學會主動選擇你的情緒

作　　　者：	張小寧
責任編輯：	高惠娟
發　行　人：	黃振庭
出　版　者：	崧燁文化事業有限公司
發　行　者：	崧燁文化事業有限公司
E - m a i l：	sonbookservice@gmail.com
粉　絲　頁：	https://www.facebook.com/sonbookss/
網　　　址：	https://sonbook.net/
地　　　址：	台北市中正區重慶南路一段 61 號 8 樓

8F., No.61, Sec. 1, Chongqing S. Rd., Zhongzheng Dist., Taipei City 100, Taiwan

電　　　話：	(02)2370-3310
傳　　　真：	(02)2388-1990
印　　　刷：	京峯數位服務有限公司
律師顧問：	廣華律師事務所 張珮琦律師

-版權聲明-

本書版權為樂律文化所有授權崧燁文化事業有限公司獨家發行電子書及紙本書。若有其他相關權利及授權需求請與本公司聯繫。

未經書面許可，不得複製、發行。

定　　　價：330 元
發行日期：2024 年 08 月第一版
◎本書以 POD 印製
Design Assets from Freepik.com

國家圖書館出版品預行編目資料

EQ 玩家，心理學破解人生難題：反向心理調節法！99%的憂慮無需擔心，學會主動選擇你的情緒 / 張小寧 著 .-- 第一版 .-- 臺北市：崧燁文化事業有限公司 , 2024.08
面；　公分
POD 版
ISBN 978-626-394-641-5(平裝)
1.CST: 情緒管理 2.CST: 自我實現
176.52　113011274

電子書購買

爽讀 APP　　　　臉書